交通ブックス129

小島 英俊 著

# 終着駅の文化史

交通研究協会発行
成山堂書店発売

本書の内容の一部あるいは全部を無断で電子化を含む複写複製
（コピー）及び他書への転載は，法律で認められた場合を除いて
著作権者及び出版社の権利の侵害となります。成山堂書店は著
作権者から上記に係る権利の管理について委託を受けています
ので，その場合はあらかじめ成山堂書店（03-3357-5861）に
許諾を求めてください。なお，代行業者等の第三者による電子
データ化及び電子書籍化は，いかなる場合も認められません。

建築当時の趣を残すセント・パンクラス駅

ガラスドームに覆われたセント・パンクラス駅構内

終着駅の雰囲気を残す上野駅。夕暮れに駅舎が映える。

「ふるさとの 訛なつかし 停車場の 人ごみの中に そを 聴きにゆく」
ふるさとを懐かしむ石川啄木の歌を刻んだ碑（上野駅15番ホーム）

# まえがき

　筆者は鉄道少年であった。社会人になってからは鉄道趣味からは長い間お休みを頂いたが、約20年前から鉄道に舞い戻り、鉄道史を主な領域として調べ、考え、そしてささやかに執筆するようになった。鉄道ファンはとかく走る鉄道車両に関心が向かう。鉄道は動力によって走り、どんどん高速化されてきた。さらに超電導リニアのような技術革新に夢が膨らんだ。流線形や空力造型もあって、魅力的な形状が現れ、色彩も豊かになって外観はより楽しめるようになった。車内を見ると機能的で画一的な車両も多いが、一方でどんどん豪華なクルーズ車両も出現して関心が高まる。やはり鉄道車両はダイナミックに動き、派手で耳目を惹くからであろう。

　ところが鉄道が機能するには線路、橋梁、トンネルなどの静止構造物も不可欠である。特に人びとが乗り降りする「駅」に我われは頻繁に接している。実はこのような一見地味な鉄道施設に資金がうんとかかり、一見派手な車両をはるかに凌駕するのである。最近EUで呼ばれている「上下分離」の「上」が車両、「下」が施設を指している。

　大都市の終着駅には必ず駅舎、ホーム、待合室があり、さらにレストラン、ホテル、百貨店などが密接している。特に欧米では、鉄道が儲かった「鉄道の時代」に各鉄道が威信をかけて建てた駅

舎は豪華荘厳を極め、その中に天井の高い立派なコンコースがある。それを通り抜けてホームに向かうと、鉄骨とガラスで造られた大きなドームで覆われている。その下ではスノービッシュな一等客も、庶民的な三等客も、慌ただしい通勤客も乗降や往来がある。

　鉄道旅行も今や無機質で日常的になってきたが、昔は大仰な非日常的なものだったので、終着駅では人の運命を分ける別離と再会があった。日本ではこれに輪を掛けた盛大な見送りと出迎えがあり、これは「送迎文化」ともいえるものだった。戦前の終着駅は待合室から等級制が始まっていたが、誰でも入れるコンコースは広いだけに窃盗もあり、不良らが入り込んだ。戦争になると駅は出征兵士や凱旋将軍と見送り人、出迎え人でごった返す。戦争直後は多くの浮浪者が寝ていた。

　このように駅舎やホームは不動でも、そこで演じられるドラマは極めて多彩で活動的である。だから終着駅を巡っては詩が詠まれ、小説が書かれ、映画が作られ、絵画の絶好の対象にもなる。近時は「駅コンサート」、「駅ピアノ」、そして「エキナカ文化」も叫ばれ、駅が見直されている。筆者は新しい何事かが起きて世の中の動きや声に反応し影響を与え合う現象を「文化」と見なしているので、鉄道車両にも終着駅にもそして鉄道全体が世の中とキャッチボールしている姿に「鉄道文化」を感じるのであるが、今回は終着駅と世の中の反応し合う事象を歴史的に眺めつつ『終着駅の文化史』を書いたしだいである。

　こういった理屈はともかく、感覚的に筆者を捉えてしまった終着駅とは1980年代から1990年代にかけて、海外旅行や出張の

合間に行ってみたロンドンやパリの終着駅であった。時間を盗んで、ヴィクトリア駅、パディントン駅、リヨン駅、サンラザール駅などを訪れた。壮大な駅舎のコンコースを抜けると、縦向きにホームが20本も並んでいて、ガラス張りの大きなドームに覆われている光景は日本では絶対にお目にかかれないものであった。そこへ遠距離列車も近距離列車も頻繁に発着し、大勢の乗客が目まぐるしく往き来し、駅の電光掲示板も目まぐるしく動く。ホームに入って機関車や客車を間近に眺めたり、ホームをよく見渡せるカフェに寛いだ時はまさに至福の瞬間であった。

　こんな風に思い巡らせ、記憶を辿っているうちに、筆者の心中には初めて「終着駅」というテーマがくっきりと浮び上がり、それを書きたい衝動がムラムラと湧いてきた。ただ、日本で「終着駅」というと長閑な支線の行き止まりの駅などをイメージされるのではないのだろうか。「乗り鉄」として実際にそこを訪れて書かれた書はかなり多い。ささやかな秘境を辿る安らぎも感じられ筆者もその風情と気持ちに十分共感するが、この種の本はほとんどお互いに類書となっていて、取り上げられる駅や魅力もほとんど共通している。

　これに対して、本書では大都市の終着駅に焦点を当て、そこにおける鉄道文化を求めて古今東西を見通したかったのである。そのため内容は広くなるが、さりとて総花的な記述になってしまってはいけないので、こうした終着駅のいくつかの側面を目次のように整理してストーリーを書いたつもりである。そのために調べ推敲し書いているうちに「終着駅」にはこんな多岐・多彩な側面があったのかと自分でも驚き、勉強になり、楽しくなってきた。

世界の鉄道の二世紀弱の歴史の中で、終着駅の歴史にも当然移り変わりがある。そこには戦争、特に第二次世界大戦による破壊と復興が挟まる。東西の共通点もあれば欧米だけのもの、日本独自のものもある。

　なお、本書のように大都市の駅舎やプラットホームやホテルや貨物駅などにまつわるドラマや文化を語る場合、それに即した画像があると当然、臨場感が高まる。ムックやグラフィックのごとく、網羅的・羅列的に引用するつもりではないが、落ち着いた書籍としての文章の流れの中でできるだけ多くの画像を活用して分り易く楽しくしたつもりである。

2024 年 11 月

小島　英俊

# 目　次

まえがき

## 第1章　鉄道は儲かり、駅は増え、立派になった

1.1　駅は昔からあった ………………………………………………1
　　（1）世界の駅の歴史 …………………………………………… 1
　　（2）日本の駅の歴史 …………………………………………… 3
1.2　鉄道は最初から儲かった …………………………………………6
　　（1）世界の鉄道の始まり ……………………………………… 6
　　（2）日本の鉄道の始まり ……………………………………… 8
1.3　線路は伸び、駅は増え、終着駅は大繁盛 ……………… 12
　　（1）鉄道の成長 ………………………………………………… 12
　　（2）終着駅の開発過程 ………………………………………… 14

## 第2章　終着駅の立地

2.1　ロンドンとニューヨークの終着駅 ……………………… 17
　　（1）ロンドンの終着駅 ………………………………………… 17
　　（2）ニューヨークの終着駅 …………………………………… 20
2.2　日本の終着駅 …………………………………………………… 23
　　（1）主要な終着駅の開業 ……………………………………… 23
　　（2）大阪駅と京都駅、東海道線開通 ……………………… 27
2.3　頭端式ホームと通過式ホーム ………………………… 32
　　　停車場①　モンパルナス駅の椿事 ………………… 38

## 第3章　終着駅は鉄道のシンボル

3.1　終着駅はどんどん立派になった ……………………… 40
　　（1）欧米の終着駅の様式 ……………………………………… 40
　　（2）セント・パンクラス駅の誕生から現代まで ……… 44
3.2　東京の終着駅 …………………………………………………… 46
　　（1）初代新橋駅の開業 ………………………………………… 46
　　（2）上野の開業 ………………………………………………… 48

|   |   |   |
|---|---|---|
| (3) 新宿駅の開業 | ………………………………… | *49* |
| (4) 両国駅の開業 | ………………………………… | *51* |
| (5) 今はなき万世橋駅の開業 | ……………………… | *52* |

3.3 東京駅物語 …………………………………………… *54*
　　(1) 東京駅の設計・建設 ……………………………… *54*
　　(2) 戦後の東京駅 …………………………………… *58*

3.4 終着駅のにおい ………………………………………… *60*
　　(1) リバプール・ストリート駅のにおい ……………… *60*
　　(2) ヴィクトリア駅のにおい ………………………… *62*
　　(3) 日本の終着駅のにおい ………………………… *64*
　　**停車場②　プラットホームの高さ** ……………… *66*

3.5 戦前のステーション・ホテル ………………………… *69*
　　(1) イギリスのステーション・ホテル ……………… *69*
　　(2) 日本のステーション・ホテル ………………… *69*

3.6 終着駅の建替え ……………………………………… *74*


# 第4章　終着駅と等級制

4.1 待合室は等級制 …………………………………… *77*

4.2 等級制の変遷 ……………………………………… *81*
　　(1) 外国の等級制 …………………………………… *81*
　　(2) 日本の等級制 ………………………………… *84*

4.3 列車等級と社会階級 ……………………………… *87*

4.4 レッドカーペット・トリートメント ………………… *91*
　　(1) 外国の豪華列車 ……………………………… *91*
　　(2) 日本の豪華列車 ……………………………… *93*

4.5 終着駅の舞台裏 …………………………………… *95*


# 第5章　終着駅の繁栄と混雑

5.1 万国博と内国博 …………………………………… *98*
　　(1) 万国博覧会と内国勧業博覧会の歴史 ……… *98*
　　(2) 陸軍特別大演習 ……………………………… *102*

5.2 バカンス・お盆・春節 …………………………… *104*
　　(1) フランスのバカンス ………………………… *104*
　　(2) 日本のバカンス ……………………………… *104*
　　(3) 中国のバカンス …………………………… *106*

目　次　*xi*

5.3　日本の駅は最初から混んでいた ……………………………*107*
5.4　鉄道の輸送密度は混み具合と収益性のバロメーター…*110*
5.5　混雑に輪をかけた日本の送迎文化 ……………………*113*
　　　**停車場③　入場券** ………………………………… *116*
5.6　見送りは人生の哀歓 …………………………………*117*

# 第６章　終着駅の変転
6.1　旅客駅と貨物駅は分離された ………………………*123*
6.2　郊外電車の時代 ………………………………………*129*
6.3　終着駅の変質 …………………………………………*135*

# 第７章　終着駅を賑わせた特別列車
7.1　スター列車のデビューと引退は終着駅で …………*138*
7.2　ボート・トレイン、遊説列車、葬送列車 …………*140*
　　（1）ボート・トレイン …………………………… *140*
　　（2）遊説列車 ……………………………………… *142*
　　（3）葬送列車 ……………………………………… *142*
7.3　終着駅での悲劇 ………………………………………*145*
　　（1）伊藤博文 ……………………………………… *145*
　　（2）原　　敬 ……………………………………… *148*
　　（3）浜口雄幸 ……………………………………… *149*
7.4　凱旋列車のドラマ ……………………………………*150*

# 第８章　終着駅の戦後と現代
8.1　終着駅の戦災と復興 …………………………………*157*
　　（1）戦後ドイツの終着駅 ………………………… *157*
　　（2）戦後日本の終着駅 …………………………… *160*
8.2　文化遺産としての終着駅 ……………………………*161*
　　（1）ユーストン駅舎 ……………………………… *162*
　　（2）グランド・セントラル駅、ペンシルベニア駅 ……… *164*
8.3　終着駅の廃駅と荒廃 …………………………………*165*
8.4　貨物終着駅の変転 ……………………………………*170*

# 第9章　終着駅の文化

9.1　終着駅を描いた絵画 ……………………………………… *172*

　　（1）ウィリアム・フリスの描く終着駅 ………………… *172*

　　（2）モネの描く終着駅 …………………………………… *173*

　　（3）日本で描かれた終着駅 ……………………………… *175*

9.2　文学作品に見る終着駅 …………………………………… *176*

9.3　新しいステーションホテルの波 ………………………… *183*

9.4　エキナカ、駅コンサート、駅ピアノ ………………… *186*

9.5　駅の未来空間 ……………………………………………… *190*

9.6　終着駅の文化とは ………………………………………… *194*


あとがき ……………………………………………………… *199*

主要参考文献 ………………………………………………… *201*

索　　引 ……………………………………………………… *203*

# 第 1 章　鉄道は儲かり、駅は増え、立派になった

## 1.1　駅は昔からあった

### (1) 世界の駅の歴史

　1830年に世界初の商業鉄道がイギリスのリバプール〜マンチェスター間に開通すると、それはまたたく間にアメリカやヨーロッパ諸国にも伝播した。その際、「鉄道とはどういうものなのであろうか」と大きな関心をもって品定めが行われたわけであるが、列車も施設も終着駅も、それと比較する対象物はイギリスやヨーロッパ諸国では乗合馬車であり、アメリカではむしろ内陸航路を走る蒸気船であった。

　イギリスの乗合馬車は1625年にロンドン市内に現れ、1650年頃にロンドン〜ヨーク間、ロンドン〜エクスター間などで走り始めた。平均時速10キロ以上とかなり速かったが乗車賃は高かった。一応時刻表もあり、駅には宿泊施設が設けられた。1785年にロンドン〜エディンバラ間に、1788年にはロンドン〜グラスゴー間とブリテン島の東西を走る縦貫ルートが開通した。スピードもしだいに上昇して、18世紀には4頭立ての馬車で、およそ時速15キロの水準に達している。当時ヨーロッパ大陸においても乗合馬車輸送は始まっていた

イングランドの駅馬車

が、道路、馬車ともイギリスの水準には及ばず、料金規定などのルールも不明確で、スピードも劣っていた。

アメリカは大陸なので、大河があって、大型船で貨物も旅客も大量輸送できる。ただし当時のアメリカは西部開拓を目指して常に

**波止場で荷を積むミシシッピ河の川船**
(出所：american menu)

西へ、西へと物資や人びとを送り込まねばならなかったのに、ミシシッピ河などの大河はとかく南北に流れ東西方向ではなかった。それでも運河を掘削したり、海上の沿岸航路も組み合わせると、ちょっと遠回りながら東西方向の運航もできたのである。

このような蒸気船の航路には途中で定期的に発着する波止場があり、そこでは人の乗降と荷物の積降しがあり、燃料の石炭や食料の供給も行った。ただし蒸気船自体が馬車と違って大きな空間を有し、食堂も寝台も、場合によっては音楽や劇を演ずる娯楽施設まで備えていたので、波止場での飲食や宿泊があったかどうか不詳であるが、乗客や乗降客はそこになにがしか駅という概念を抱いたはずである

こうして鉄道が開通した時、対比された交通機関や駅はイギリスやヨーロッパ

**蒸気船**[1] (撮影：D700master)

諸国では馬車、アメリカでは馬車のほか蒸気船だったのである。駅馬車の終着駅あるいは中継駅はある種の休憩所であり、食事をしたり、疲れた馬を新しい馬に付け替える、また日が暮れれば宿泊所にもなった。駅

ロンドンの駅馬車駅[1]

は駅馬車のほか、私有馬車、乗馬旅行者、飛脚などにも使われ、シェイクスピアの戯曲にも乗合馬車の駅はよく出てくる。駅の所有や経営も同じ路線に沿った者同士がパートナーシップを結びコストカット、馬の有効回転、飼料の共同購入など合理化を図っていた。その結果1830年の鉄道開通時には、ロンドンの駅の経営は三大資本が牛耳ってロンドン発着の駅馬車の80％を占め週に300便以上も発着させていた。

このように駅馬車ルートの途中駅もさることながら、ロンドンやパリなど出発地でもあり終着地にもなる大都会の駅が断然大きく立派であった。

## (2) 日本の駅の歴史

日本の道路の歴史を紐解いてみよう。奈良時代・平安時代という古代律令国家の時代は中央政府による全国平定・全国支配が強く意識されていたので、奈良ないし京都という都から全国への連絡道路は思いのほかよく整備されていた。東海道・東山道・北陸道・山陰道・山陽道・南海道・西海道の七道が幹線として建設さ

れ、そこから分かれる支線として陸奥路・出羽路・東山連絡路・房総路・甲斐路・北陸連絡路・飛騨路・志摩路・伊賀路・能登路・若狭路・丹後但馬路・美作路・土佐路など多くの道路が造られた。遠い東北地方に対しては平泉や酒田辺りが北限であったが、南は鹿児島まで十分カバーしていた。

　当時の史料には「駅」「駅家」「駅路」「駅馬」「伝馬」といった言葉が数多出てくるので、馬を引き継ぐ駅伝制度があったことは確かでその引継ぎ施設としての「駅」という概念がもうあったのである。そしてその資料から駅家の想像図もできている。こんな立派な道路はあっても、一般人の交通手段は専ら徒歩であったが、傳馬は郡ごとに5頭置き、役人はそれを乗り継いだ。七道の総延長6,400キロに対して駅数は400を数えたというから駅間の平均距離は15〜16キロであった。律令国家は権威にも拘ったので、道幅は12メートルと大変広く、しかもできるだけ真直ぐな短絡ルートを辿るには山を切り開き、谷を埋めなければならない。ある種、今日のハイウェイに近かったのであるから、当時の技術力や経済力を酷使したであろうことが容易に想像される。しかし舗装されていたわけではないからその維持・補修が大変で、古代の律令体制が終わり、中世の鎌倉時代に入って武家社会になると、律令時代の大げさな道路はしだいに放置され、新たに日常生活、日常経済に密接するもっと身近で使いやすい街道へと変容していった。道の総延長は延び、宿駅も拡充してきたが、馬車の交通は無視されたので道幅は狭くなった。近世の徳川時代になると、宿場の整備が始められたが、あくまで徒歩旅行が前提であった。東海道では、1601年に東海道五十三次が計画されたが、宿場は順

**駅家想像図** (提供：宗像市)

次整備されていったので全宿場が揃うまで約半世紀をかけている。

　宿場には公的なものと私的なものの2種に分かれていた。公的な宿場はそこを監視・管理する「問屋場」、参勤交代の大名や武士が泊まる「本陣」、それが溢れた時に使う「脇本陣」で構成された。私的な一般人向け宿場は旅籠、木賃宿、茶屋、商店などで形成された。当時の移動手段は、大名や家老辺りまでは騎乗か駕籠であったが、お供の武士たちや一般人は徒歩旅行であったので、欧米の馬車旅行に比べればぐんとゆっくりした旅であった。したがって宿場間の間隔は約10キロ程度と短く、旅人は多くの宿泊を重ねなければならなかった。このように鉄道開通前の日

**日本の宿場**[1] (撮影：皓月旗)

本人は街道を行く徒歩旅行と宿場の感覚は持っており、それを基準にして鉄道の駅を眺めたはずである。しかし大都会である東京や大阪にことさら大きな宿場があるわけではなかったので、鉄道開通時の終着駅である新橋駅や梅田駅はまったく想像できなかった佇まいであった。

## 1.2 鉄道は最初から儲かった

### (1) 世界の鉄道の始まり

　1830年に開通したばかりのリバプール・マンチェスター鉄道の業績はまことに順調であった。当時この区間には26両の駅馬車が運行していたが、所要時間は4時間半、料金は従来より値下げしても車内席10シリング、車外席5シリングであった。これに対して列車は所要時間が1時間50分とずっと速かったのに、料金は一等でも7シリング、二等4シリングと却って安かったから、勝負はもう明らかであった。ただ、この汽車の運賃でも当時にあってはとても高く、庶民が気楽に使うわけにはいかなかった。ちなみに紡績工場の女工の週給が15シリングであったことから

1831年のリバプールとマンチェスター鉄道の旅

(画家：Ackermann)

推測できよう。それでも、人びとの所得も上ってきたので、最初から多くの人がこの鉄道を利用し、1日平均1,100人の乗客と多くの貨物輸送があった。その結果、この鉄道会社の収益は順調に伸び、貨物収入が旅客収入より多いのではないかとの当初の予想は見事に覆えされた。

　その結果、会社は毎年約10％もの配当を継続している。このように競争者の居ない初期の鉄道は大変儲かるものだったので、鉄道は有利な投資対象と看做されて各地で鉄道建設ブームが起った。従来から道路や運河への投資が積極的に行われてきたが、1835年以降は断然鉄道に集中していったのである。

　鉄道建設は当然交通量の大きい大都市間の路線を中心にネットワークされていったが、鉄道会社間の熾烈な競争が起きると弱肉強食の原理が作用し始める。大は小を合併して地域独占も進んで行くが、当時の自由経済の下では独占企業、巨大企業はダーウィン流の自然淘汰の摂理として決して悪ではなかった。

　その後、鉄道会社の統合・集中化は進み、累計1000社以上の名前が消え、1875年に247社、1921年には120社に絞られ、1923年には遂に四大グループに集約化されたのである。その間、鉄道国有化が論議されることはあったが、鉄道の民営体制は揺るがなかった。

　アメリカでも鉄道は儲かるもの、最先端のものと考えられていたので、多くの人たちが鉄道経営や鉄道投資に関心を持った。しかし、当時のアメリカはイギリスより資本の蓄積は薄く、一方国土が広くて敷設距離が長いので必要資金は地元の民間資本だけではとても賄えない。そこで州や市も出資したし、また、資本金だ

けでは足りず、社債などの借入にも頼るケースが多かった。さらに、イギリスなどの外資にも頼っている。そして西部開拓と大陸横断鉄道の建設はもはや国是・国策となり、政府は入植者や鉄道建設に対して大きなインセンティブを与えた。莫大な土地とそこに埋蔵される石油権益などを与え、長期ローンも供与した結果、西部でも鉄道会社は路線を広げ貨物輸送を中心に儲かった。

## (2) 日本の鉄道の始まり

　日本でも鉄道の収益性はイギリスやアメリカと同様であった。新橋〜横浜間と神戸〜大阪〜京都間の鉄道開通以降も政府はまずは幹線鉄道を延伸させようと必死であった。当時の政府財政は苦しかったが、既存路線の収益は順調であり、機を見るに敏な民間人は「鉄道は儲かるもの」と鉄道建設認可の申請が相次いだ。その結果、鉄道建設は官営と民営の2本建てで進めることに決定し、1880年代になって日本鉄道（上野〜青森間等）、山陽鉄道（神戸〜下関間等）、関西鉄道（大阪〜名古屋間等）、九州鉄道（博多〜鹿児島間等）の四大私鉄のほか、多くの私鉄が誕生した。

　トップを切って設立され、最大の民営鉄道となった日本鉄道は現在の東北本線や高崎線、常磐線など今でいうJR東日本の主要路線を建設・運営した会社である。旧藩主や公家が手にした多額の秩禄公債の一部が投じられたため資金はすぐに集まって会社は設立され、東京に近い区間から順次開通していった。

　この会社は私鉄ではあったが線路の敷設や会社の運営では政府や官設鉄道に依存する面が多く、それは路線ルートの決定、敷設工事、車両の選択、列車の運行などにわたった。また仙台以北は

いまだ人口密度が低く採算がとり難いであろうと建設資金の借入金の金利（年8%）を国が肩代わりしたり、官有地の一部を無償で供与するなどたいへん優遇されていた。だから世間からは「会社と云ふはほんの

**鉄道院160形蒸気機関車の牽引する列車（新橋駅）**
(出所：「日本国有鉄道百年写真史」)

名称のみ、全く一個のお役所なり」と揶揄されたのである。このように優遇措置を受けた日本鉄道の決算は当然良好であり、これを見ても各地で民営鉄道の建設ブームが起こったのである。

　そして1884年の阪堺鉄道を始めとして、伊予鉄道、両毛鉄道、山陽鉄道、水戸鉄道、九州鉄道、大阪鉄道などの大小入り乱れて認可されていった。

　当時、鉄道行政のトップ「鉄道守」に就いていた井上勝はここを先途と鉄道国有論を叫んだが、渋沢栄一や田口卯吉、中上川彦次郎、三井や三菱などの財界の有力者たちは鉄道民営論を主張して譲らなかった。日清戦争後の三国干渉によってロシアの脅威をいい出した軍部は、戦時に際しての鉄道による軍事動員を考えて鉄道国有化を叫ぶようになった。民営の株式会社であると、株主の中には外国人投資家が入り込み、鉄道の経営状態を詳しく知られたり、株を買い占められた時、それが敵国の資本家なら軍事輸送を拒否される事態にもなりかねないとの理由付けがなされた。

　日本の民営鉄道で日本鉄道に次いで二番目の規模を誇った山陽鉄道は1888年に設立され、福沢諭吉の甥・中上川彦次郎が社長

に就任して大英断をもって最初から日本一の鉄道を目指して頑張った。線路の曲線や勾配はできるだけ緩め、急行列車の運転、室内電灯、食堂車、寝台車、赤帽制度、ステーションホテル、など日本初の導入を数多敢行した。特に列車のスピードアップにも最も積極的だった。なお1894年〜1895年の日清戦争時、1904年〜1905年の日露戦争時には官営・東海

**中上川彦次郎**
(出所:「日本国有鉄道百年写真史」)

道線と民営・山陽鉄道の直行列車が東京から積出港の広島まで運転されて、兵員、武器、物資などの国内兵站輸送に大いに役立ったのである。

さて当時の日本の株式市場において鉄道株の存在が実に大きかったのであるが、それを会社数と払込資本金で全会社との比較を行うと表1.1のようになる。

すなわち鉄道は会社数では極めて限られていたが、払込資本金ではとても大きく、鉄道会社を設立・運営するにはいかに莫大な資金が必要であったかを如実に物語っている。このように鉄道株は正に株式市場の中心であった。

**表1.1 会社数と払込資本金**

| 年 | 会社数 ||| 払込資本金（単位:100万円）|||
|---|---|---|---|---|---|---|
| | 全会社 | 鉄道 | 鉄道比率 | 全会社 | 鉄道 | 鉄道比率 |
| 1895 | 3,764 | 24 | 0.6% | 307 | 72 | 23% |
| 1900 | 8,429 | 41 | 0.5% | 768 | 181 | 24% |
| 1905 | 8,949 | 38 | 0.4% | 975 | 223 | 23% |
| 1906 | 9,295 | 26 | 0.3% | 1,069 | 126 | 12% |
| 1907 | 10,056 | 20 | 0.2% | 1,114 | 24 | 2% |

第 1 章　鉄道は儲かり、駅は増え、立派になった　*11*

　概して鉄道株価や配当は順調に推移していたが、軍事国策など
の観点から 1907 年に長距離幹線の国有化が断行された。その時
の政府の買い上げ条件として平均して時価総額の 2 倍近い金額を
提示したので、株主は民営時代も悪くない配当金を受け取ったう
え、この精算時にも十分な還元を受けたのである。このことから
も、鉄道は儲かってきたし、その後も儲かるとの確信があった何
よりの証左である。

　その結果、官営鉄道の 2,600 キロと民営鉄道の 4,500 キロが合
わさり、改めて 3 倍の 7,100 キロ長の国有鉄道が誕生し、私鉄は
地域輸送のみに限定されることとなった。なお国有化の目的は当
時陸上交通を独占していた鉄道を軍事も含めた国策に使い易くす
ることもあったが、財政的、経済的目的もあった。

　ひとつは日露戦争時に借り入れた外債残高が当時まだ 113 億円
も残っており、利払いだけでも大変であったが、貸主に安全な国
有鉄道を担保として提供して低利に切り替えてもらうこと、もう
ひとつは暗躍する外国人による主要鉄道会社の株式を取得される
リスクを回避するためでもあった。ここにも日露戦争後の厳しい
財政・経済状態に日本が何とか対応するための苦心の策が見え隠
れする。

　1907 年に主要幹線の国有化が行われて民鉄の比率が下がり、
官鉄の比率が上がったが、日本の鉄道総体としては何も変わらず
順調に伸び続けたということである。その後の 1934 年に運輸大
臣に就任した内田信也は自著『風雪後十年』の中で「昭和九年七
月、僕が鉄道大臣となったころは、国鉄の黄金時代だった。今日
のような赤字など思いもよらず、連年黒字続きで鼓腹撃攘の有様

*12*

だった」と述懐している。

## 1.3　線路は伸び、駅は増え、終着駅は大繁盛

### (1) 鉄道の成長

　事業が儲かる場合、鉄鋼や船舶、繊維などの製造業では当然増産する。鉄道なら線路を延伸させ、列車を増強する。単純に最も数字的に見やすいのは鉄道総延長距離の統計であるので、主要5か国における鉄道総延長距離を1840年以降10年毎に推移で見ると表1.2のようになる。

　欧米の最先進国であるイギリス、フランス、アメリカを見ると1920年～1930年辺りをピークにして伸びが止まり、戦後はじわじわと減少気味できている。日本では戦後の1950年～1980年辺りにピークがきたが、1980年代から、特にJRへの民営化以降、不採算路線を整理して総延長距離はぐんと減った。

　このように、儲かるか不採算かで鉄道延長距離が伸縮するのは経済原則として当然なことであるが、今はもう鉄道が儲かる時代ではないので、あとは公益性をどこまで重視、加味して国庫が鉄道をどう補助するかが鍵である。

　一方、中国の鉄道はこの統計にない2000年以降こそ、大発展期に入り特に高速鉄道網の拡張は世界に敵なしの状況である。中国の国策として採算を度外視して路線拡大を行うケースもあるが、人口や産業が稠密な沿線が多く、資金的にも高速鉄道やそれに適応した未来的な終着駅はまだまだ整備発展しつつある。中国だけは今鉄道の時代が現出したような別世界なのである。

　そして鉄道延長距離の伸縮に応じて鉄道駅の数も増減するのは

第1章　鉄道は儲かり、駅は増え、立派になった　　*13*

表1.2　主要5か国における鉄道総延長距離

| 年／国 | イギリス | フランス | アメリカ | 日　本 | 中　国 |
|---|---|---|---|---|---|
| 1840 | 2,390 | 410 | 4,535 | | |
| 1850 | 9,797 | 2,915 | 14,518 | | |
| 1860 | 14,603 | 9,167 | 49,288 | | |
| 1870 | 21,558 | 15,544 | 85,170 | 0 | |
| 1880 | 25,060 | 23,089 | 150,091 | 224 | |
| 1890 | 27,827 | 33,280 | 268,282 | 309 | |
| 1900 | 30,079 | 38,109 | 311,160 | 6,300 | 1,516 |
| 1910 | 32,184 | 40,484 | 386,714 | 8,661 | 8,601 |
| 1920 | 32,707 | 38,200 | 406,915 | 13,645 | 10,973 |
| 1930 | 32,632 | 42,400 | 400,810 | 21,593 | |
| 1940 | 32,094 | 40,600 | 376,055 | 25,126 | |
| 1950 | 31,336 | 41,300 | 360,137 | 27,401 | 22,200 |
| 1960 | 29,562 | 39,000 | 350,116 | 27,902 | 33,900 |
| 1970 | 18,969 | 36,532 | 331,174 | 27,104 | 41,000 |
| 1980 | 17,645 | 34,362 | 288,000 | 27,873 | 49,900 |
| 1990 | 16,584 | 34,322 | 244,000 | 20,157 | 53,400 |
| 2000 | 16,878 | 31,939 | 205,000 | 20,051 | 68,700 |

表1.3　日本とイギリスの鉄道駅数（一部）

| 年 | 日　本 | | イギリス | |
|---|---|---|---|---|
| | 旅客取扱駅 | 貨物取扱駅 | 旅客取扱駅 | 貨物取扱駅 |
| 1880 | 25 | 25 | | |
| 1890 | 115 | 115 | | |
| 1900 | 176 | 176 | | |
| 1910 | 1,288 | 1,288 | | |
| 1920 | 1,797 | 1,821 | | |
| 1930 | 2,625 | 2,622 | 7,100 | |
| 1940 | 3,672 | 3,401 | 6,700 | |
| 1950 | 4,151 | 3,792 | 6,500 | |
| 1960 | 4,790 | 3,628 | 4,900 | 5,600 |
| 1970 | 5,088 | 2,527 | 2,400 | 670 |
| 1980 | 5,177 | 1,234 | 2,400 | 420 |
| 1986 | 4,895 | 368 | 2,500 | 130 |
| 2020 | 4,649 | 253 | 2,500 | 130 |

当然であるが、ここに日本とイギリスの鉄道駅数の変遷についての歴史的データがあるので 10 年刻みで見てみよう。

鉄道の開通が日本より約 40 年早かったイギリスの鉄道延長距離の延伸は日本よりずっと先行したが、1960 年代から思い切った合理化政策を執り縮小に転換した。その関係で戦前、イギリスの旅客取扱駅数は日本よりずっと多かったが 1940 年頃より駅数は減少に転じた。1960 年頃日英の旅客駅数はほぼ同じになり、その後現在に至るまで逆に日本よりどんどん少なくなっている。

## (2) 終着駅の開発過程

イギリスにせよ日本にせよ最近の鉄道合理化の波は同じように押し寄せている。不採算路線の駅は駅員削減、駅舎の維持補修の低下などの影響を受ける。しかし本書で取り上げる大都市の終着駅は今でもドル箱路線の発着駅としての機能と位置付けは保たれているので、鉄道全体の栄枯盛衰とは無縁な恵まれた境遇にあるといってよいであろう。

話を初期に戻すが、ロンドンの終着駅を見ると、イギリス全体から見て、重要度の高い路線の乗り入れる駅ほど先に開設されていることは当然である。

最初のユーストン駅の開設からセント・パンクラス駅の開設まではおよそ 30 年の時間差があった。それぞれの駅から見た発着方面を表 1.4 にざっと記したが、その方面へ発着する幹線が延伸されたり、支線が増えたり、他幹線との接続が増えたり改善されたりすると、各終着駅に発着する列車本数や頻度も上ってゆくし、人の往来も激しくなる。

第1章　鉄道は儲かり、駅は増え、立派になった　*15*

**表 1.4　イギリスの主要駅の解説年と発着方面**

| 駅　名 | 開設年 | 発着方面 |
|---|---|---|
| ユーストン | 1837 | 北北西方面 |
| パディントン | 1838 | 西方面 |
| ウォータールー | 1848 | 南西方面 |
| キングス・クロス | 1852 | 北北東方面 |
| ヴィクトリア | 1860 | 南東方面 |
| チャリング・クロス | 1864 | 南東方面 |
| セント・パンクラス | 1868 | 北方面 |
| リバプール・ストリート | 1875 | 北東方面 |
| メリルボーン | 1899 | 北方面 |

　それに応じて各終着駅のプラットホームの面数や入線数、コンコースの拡充などが行われていった。

　このような成り行きは日本でも基本的に同様であったので、日本の終着駅の開設や拡充過程をもう少し詳しく見ていこう。表1.5は日本の大都市の終着駅の開設年と大きな節目としての第2期と第3期がいつであったかを記している。

　新橋駅は東海道線が新橋からどこまで延伸されたかによって、列車数や乗客数などが大きく飛躍するのでその節目で捉えている。中央線1本の新宿駅、東海道・山陽線を主体とする大阪駅、関西線一本の難波駅（旧湊川駅）も同様な捉え方をしている。

　一方、多くの路線が関わる終着駅、たとえば上野駅の場合は高崎線の上野～熊谷間の開通時、東北線の上野～宇都宮開通時、常磐線の上野～水戸間開通時を節目として捉えている。両国駅もそこに乗り入れる総武線、房総西線、房総東線の全通時を両国駅の節目として置いている。

　名古屋駅も同様でおのおのまだ部分開業ではあったが、東海道線、関西線、中央線が初めて名古屋駅に乗り入れた時期を節目に

**表 1.5　日本の大都市の終着駅の開設年**

| 駅名 | 開設 | 第 2 期 | 第 3 期 |
|---|---|---|---|
| 新橋 | 1872 年（〜横浜） | 1887 年（〜国府津） | 1889 年（新橋〜神戸） |
| 上野 | 1883 年（〜熊谷） | 1885 年（〜宇都宮） | 1905 年（上野〜水戸） |
| 新宿 | 1889 年（〜立川） | 1889 年（〜甲府） | 1911 年（新宿〜名古屋） |
| 両国 | 1904 年（〜銚子） | 1925 年（〜安房鴨川・西） | 1929 年（〜安房鴨川・東） |
| 大阪 | 1874 年（〜神戸） | 1889 年（大阪〜新橋） | 1901 年（〜下関） |
| 難波 | 1889 年（〜柏原） | 1892 年（〜奈良） | 1899 年（〜名古屋） |
| 名古屋 | 1886 年（東海道線） | 1895 年（関西線） | 1900 年（中央線） |

捉えている。各終着駅とも開設以来、発着列車数や乗客数はしだいに漸増してゆき、特に節目には当然飛躍したはずである。ちなみに名古屋駅の拡大ステップを「ホームの面数・線数」で見ると 1886 年の駅開設時は「2 面・2 線」から出発

**1935 年ごろの両国駅と房総線が乗り入れていた 3 番ホーム[1]**
(出所：『図録　警視庁カメラマンが撮った昭和モダンの情景　石川光陽写真展』)

し東海道線が全通した 1889 年には「2 面 4 線」になり、関西線も中央線も乗り入れ駅舎を大改築した 1937 年時には「4 面・8 線」と倍増しており、1964 年の東海道新幹線の開業時には「6 面・12 線」に拡大されている。このような趨勢は日本のどの終着駅でもまた欧米の終着駅でも基本的に同じはずである。欧米でも日本でも、鉄道の伸長や駅数はどこかで停滞するが、大都市への人口集中は停滞しないので、終着駅は発展を続けてきたのである。

# 第2章　終着駅の立地

## 2.1　ロンドンとニューヨークの終着駅

　ヨーロッパ諸国の大都市には乗り入れる長距離路線ごとに多くの終着駅がある。ロンドン、パリ、モスクワなどを見ればよく分かる。この状態は今でも基本的に変わっていない。すなわち、大きな特定の駅へ行けばほぼ全地方へ向けての長距離列車が発着するという中央駅は不在である。

　ヨーロッパでは、大都市に終着駅が建設されていった19世紀中頃から後半には、市の中心部はもう堅固な建物が建てられ市街ががっちり形成されていたので、そこまで線路を乗り入れることが物理的に難しかったし、それを強行すれば莫大なコストと時間がかかってしまう。そのため、各地方から線路を伸ばしてロンドンやパリに到達した鉄道は、本当は都心に終着駅を建てたかったのに、それが叶わず本当の都心からはちょっと離れた場所にせざるを得なかったのである。そして21世紀の今日でもその立地は全く変わらず、ただその後、地下鉄でぐるっと廻れる利便性は整っていった。

### (1) ロンドンの終着駅

　それではロンドンの終着駅の立地がどう決まっていったかを見てみよう。これらの駅の開業は今から150年〜180年も前の19世紀中頃だったので当時のロンドンの市街は今より狭く今より東

に偏っていた。

　ロンドンに初めて鉄道を乗り入れたのはロンドン＆バーミンガム鉄道で 1837 年に終着駅ユーストンがプラットホーム 2 面で開業したが、そこはロンドン市街の北の外れでいまだ草原も見られるような地帯であった。

　終着駅の立地としてはこのユーストン駅の近くにふたつの終着駅が建てられた。1852 年にグレート・ノーザン鉄道がキングス・クロス駅を、1868 年にミッドランド鉄道がセント・パンクラス駅を開業している。ここまで約 30 年の時間差はあるが、両駅の立地ともユーストン駅と同様の街外れであった。これら 3 駅よりちょっと西側にはリージェンツ・パークが建設中で 1845 年に完成しているから、これら 3 駅とはほぼ同時期に建設がなされたことになる。ハイド・パークもリージェンツ・パークも 19 世紀になってから、18 世紀までの汚いロンドンを広げて美化しようとの目的で元貴族の荘園であった場所を市民のための公園にしたものである。建設前は森のようになっていて鹿も居るような場所であったのだが、鉄道がそれを突っ切って都心に乗り入れることはできなかったのである。

　グレート・ウェスタン鉄道が 1838 年に開業したパディントン駅はハイド・パークのすぐ北側にある。ここも 1820 年に貴族の荘園を市民のための公園にした所で、まだ牧歌的な雰囲気はあったであろうが、当時ではロンドンの西部に位置するちょっぴり高級な郊外であった。

　このハイド・パークおよび地続きのバッキンガム宮殿を挟んで反対の南側には南方へ向かう鉄道がいくつか纏まって 1860 年に

ヴィクトリア駅を開いている。バッキンガム宮殿自体は1825年にこの地に建てられ1837年に現代の姿に建て替えられているが、このヴィクトリア駅の立地がロンドンの終着駅の中では最高の場所柄で、また最も都心に近かったのである。サウスウェスタン鉄道が1848年に開いたウォータールー駅はテムズ河を渡った南岸であまりよい場所柄ではなかったが、ヴィクトリア駅と同じくイングランドの南方や南西方に向かう列車が発着していた類似点はある。

要するに、ロンドンに終着駅ができた頃、東部は本当にもう市街が建て込んでいたのに対して南西部はいまだ一見のどかな地帯もあった。ただそこはもうハイド・パークやリージェント・パークの予定地として整備が始まっていたので、やはりそこに線路を敷くことはできなかったということである。

ロンドンの終着駅地図 (筆者作成)

## (2) ニューヨークの終着駅

　ニューヨーク、特にマンハッタンの街造りの歴史を見るとロンドンやパリと比べればもちろん、東京と比べてもずっと新しい。碁盤目状に区画されたマンハッタンの都市計画自体は1811年に起草されたが、当時はまだ農牧地も混ざって都市とはいえる状態ではなく、それから一世紀をかけて徐々に完成されていったのである。

　19世紀後半になるとしばらくセントラル・パークのための公園用地の確保、メトロポリタン美術館の建設などの象徴的建造物がまず整備され、市街地が徐々に形成されていった。そしてマンハッタンの街造りは20世紀に入ってようやく本格化し、ブルックリン橋の架橋などのインフラの整備や地下鉄の敷設も始まった。しかし摩天楼がそびえる高層都市マンハッタンの建設は1910年代以降のことであった。

　その間、アメリカの経済の中心地となったニューヨーク、特にその中心のマンハッタンには終着駅を設置して乗り入れたいと多

**当時のマンハッタンの風景**
（出所：『KINGS VIEW OF NEW YORK』）

くの鉄道会社の間で激しい競争があったが、結局、アメリカの北東部を基盤とする当時の二大鉄道がそれを果す結果となった。

ひとつはニューヨーク〜シカゴ間を軸にニューヨークの北方地域にネットワークを持つニューヨーク・セントラル鉄道で、マンハッタンの東側地区に1871年に通常の地上線路で乗り入れて、グランド・セントラル駅を建設した。この位置は今でも変わらずマンハッタンの東側の中心地、すなわちニューヨークの都心であったが、1871年当時はマンハッタンの市街地造りの真最中だったので、それと同調して路線を乗り入れることは比較的容易にできたのである。この初代駅は多くのホームを持つ頭端式構造で、そこへ発着する多くの線路が地上を走っていた。

しかし、ますます発展するマンハッタンの中心地の地上に何本もの鉄道線路が占領するのはもったいないので、20世紀に入ると、電化を条件にこの終着駅のホームと乗り入れ路線の地下化が決った。その結果マンハッタンに向かって高架線上を南下してきた列車はマンハッタンの東北に位置するハーレム125丁目駅から地下に潜りさらに数キロ南下する。そして1912年に完成した二代目グランド・セントラル駅の地下ホームに発着するようになった。

もうひとつの鉄道会社はフィラデルフィアを本拠としてニューヨークの南西地域にネットワークを持ち、ニューヨーク〜シカゴ間にも走行するペンシルベニア

グランド・セントラル駅

鉄道であった。

ワシントン方面やシカゴ方面からフィラデルフィアを経由して北上してきた路線は、当初マンハッタンとはハドソン河を挟んだ対岸に終着駅が設けられていたので、フェリーで渡河するしかなかった。

ペンシルベニア駅の駅舎

したがって同鉄道にとってマンハッタン乗り入れは長年の悲願であったので、ニューヨーク市に交渉し、1902年に電気列車による河底トンネルを経由してのマンハッタン地下駅への乗り入れが漸く認可され、市側も終着駅建設用にマンハッタンの西側中心地2ブロックを更地にして供与した。そして1910年に現在と同じ位置に多くの地下ホームを持つペンシルベニア駅が完成したの

ニューヨーク（左）とパリ（右）の終着駅地図 (著者作成)

である。地下路線が走る土地の上には、マンハッタンの都心として高層ビルが建てられていった。

このようなマンハッタンの二大終着駅のホームは、ともに行き止まりの頭端式の地下駅であり、今も使い続けられている。いずれにせよニューヨークの都心マンハッタンへの二大鉄道の乗り入れと終着駅建設は順調に成就したので。名古屋などの日本のケースに比べても対照的なのである。

このように、ロンドン、パリ、モスクワの終着駅の立地はいくつかに分散し、ニューヨークは二大駅に分かれていた。だから現代の東京駅のようなずば抜けた中央終着駅の存在は今でも存在しないのである。ただ欧米の大都市でも、オランダのアムステルダム、アメリカのワシントン、シカゴには東京駅的な中央駅が存在する。

## 2.2　日本の終着駅

### (1) 主要な終着駅の開業

現在、東京では主要幹線のほとんどが東京駅から発着するし、大阪駅も名古屋駅も今では都心に立地している。だから日本の大都市の終着駅はどこでも最初から都心にあり、ホームの構造は「通過式」と思われやすい。

またロンドンやパリと違って、明治時代の日本の大都市の都市構造や市街景観を見ても「木造家屋で市街が形成されている日本の大都市では終着駅は簡単に都心に乗り入れて建設できた」と思われがちであるが決してそうではない。物理的に簡単に壊せるかどうかではなく、住民に立ち退かせることができるか、またその

コストはいくら掛かるか、という問題だからである。

ホームの構造は、われわれが見慣れているものから推測して「日本の終着駅のホームは皆通過式であった」と誤解されやすいが、新橋駅や上野駅では行き止まりの頭端式から始まっている。

旧新橋停車場駅舎のゼロマイルポスト

それでは日本の大都市の主要な終着駅について開業年、立地、ホームの構造形式などを表 2.1 に纏めてみたので見て頂きたい。

主要幹線が開通する際、東京では日本橋辺りの都心に乗り入れたかったが、それが不可能で、東海道線は新橋で、東北線・信越線・常磐線は上野で行き止まり、ホームも行き止まりの頭端式になったのである。

明治初期の東京市街はいまだ江戸時代を踏襲して、武家屋敷がある武家地と町人が住む町人町によって構成されていた。70%の面積を占めていた武家地がだんだんと閑散化していったが町人町はそのままの密集状態であった。

そのようななか、品川辺りから鉄路をどこまで北上させられるか、王子辺りからどこまで鉄路を南下させられるかがポイントであった。結局それが新橋と上野で行き詰まったのである。当時、上野からだんだんと南下して新橋まで辿って行くと、上野広小路、須田町、神田、日本橋、銀座といった町が続く。皆密集した問屋街、職人町、呉服問屋、両替商、金座・銀座などの町人町が連な

表 2.1　主要な終着駅の開業年、立地、ホームの構造形式

| 駅　名 | 開業年 | 発着幹線名 | 立　地 | ホーム |
|---|---|---|---|---|
| 新　橋 | 1872 | 東海道線 | 都心周辺部 | 頭端式 |
| 上　野 | 1885 | 東北線、上信越線、常磐線 | 都心周辺部 | 頭端式 |
| 万世橋 | 1912 | 中央線 | 都心周辺部 | 頭端式 |
| 両　国 | 1904 | 総武線、房総線 | 都心周辺部 | 頭端式 |
| 東　京 | 1914 | 東海道線 | 都心 | 通過式 |
| 横　浜 | 1887 | 東海道線 | 都心周辺部 | 通過式 |
| 名古屋 | 1886 | 東海道線、関西線、中央線 | 都心周辺部 | 通過式 |
| 京　都 | 1877 | 東海道線、山陰線 | 都心周辺部 | 通過式 |
| 大　阪 | 1874 | 東海道線、福知山線 | 都心周辺部 | 通過式 |

り、その先は、明治政府が東京の看板通りにしようと奮発して銀座通りを開発中で、それが新橋まで続いていたのである。

　そのちょっと西寄りには一部、丸の内という過疎地域があったが、ここは明治維新後に陸軍の駐屯・練兵場になっていて線路が突っ切ることはできなかった。この地域はその後 1890 年に岩崎財閥に払い下げられたが、新橋駅開業時にはとても間に合わなかったのである。両国駅も万世橋駅でも基本的に同じことが起こっ

明治時代の銀座通り「東京銀座要路煉瓦石造真図」
(東京都立中央図書館 所蔵)

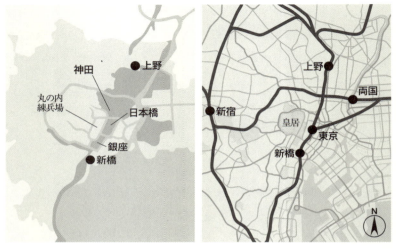

上野と新橋の間の地図（昔）　　　上野と新橋の間の地図（現在）

ている。その後、東京市と日本の政策によって1914年に遂に念願の東京駅が完成した時は、高架で新橋〜上野間の線路が繋がった時でもあった。

　ここまでロンドン、ニューヨーク、パリの終着駅地図をお見せしたが、東京もこのように上野〜品川間の障害、それが解決しての東京駅の開業、その間の新宿駅、両国駅の開業もあって東京の終着駅が出揃った。そして東京の終着駅全体の最大の特徴は各終着駅間が旧国鉄、現JR路線でお互いに繋がり、長距離列車に乗降するのに大変便利なこと、そして長距離列車、特に新幹線の相互乗り入れもできることである。その結果、東京駅には元来の東海道新幹線の全列車はもちろん、東北新幹線、上越新幹線、北陸新幹線の多くの列車が乗り入れている。また在来線では湘南ライ

ナーによって東京駅ないし新宿駅経由で東海道線と高崎線ないし宇都宮線に直通し、横須賀線と総武線など房総方面へも東京駅を経由して繋がっている。すなわち東京駅の中央駅としての存在感が極めて大きくなっていることが特筆されるのである。

## (2) 大阪駅と京都駅、東海道線開通

　大阪駅は、新橋駅に遅れること 2 年の 1874 年にできている。神戸～大阪間で鉄道が開通した時で、最初、立地は現在地より少し南方、堂島河畔が考えられていたが、火の粉から火災になるのを恐れた商家から「陸蒸気は街中から少し離して欲しい」とクレームが付き、当時町外れで草原だった梅田に決まったのである。

　大阪駅ができた当時の古老は、「当時としちゃあ、えろう大きな建物で、堂島の方からも頭抜けて見えましたよ。評判だった赤

**初代大阪駅（左）と 2 代目大阪駅**[1]**（右）**（出所：『日本国有鉄道百年写真史』）

**3 代目大阪駅**[1]　　　　　　　**現在の大阪駅**

レンガの壁をいまでも覚えています。裏手は何軒か家が建ち始めてたかなあ。一面、田圃と野原やった」と語っている。

　線路は京都に延びることはもう確定していたし、その先は中山道ルートになるか東海道ルートになるか流動的であったが、日本の最重要幹線として究極東京に達することは確かだったので、大阪駅のホームは自ずと通過式になったのである。その3年後にできた京都駅の立地も街中にはできず、市の南淵になり、ホームの構造は大阪駅と同じ理由で通過式になった。

　さて京都〜東京間のルートを中山道にするか東海道にするかずっと決まらず、1883年になっても中山道案の方が優勢であった。「将来の戦争を考え敵に備えるには、鉄道は海沿いより内陸に敷設した方が安全である」との意見が陸軍内に根強くその元凶は山縣有朋であった。ただ中山道ルートを採ると、碓氷峠や馬籠峠の工事費用、工事期間の長さ、開通後の列車の走行速度などで大きなネックがあるうえ、名古屋、浜松、清水などの産業や海上貿易の発展にも大きな打撃となることは明白である。

　もし鉄道が中津川から大垣に抜けてしまった場合、最も打撃が大きいのは名古屋であった。それを愛知県知事、名古屋市長、名古屋商工会議所などが結束して工務省・鉄道局長の井上勝に理路整然と訴えた結果、1886年の閣議でようやく東海道線ルート案が正式に採択されたのである。

　東海道線が名古屋を通ることは確定したが、名古屋駅の立地でさらにひと悶着があった。政府は名古屋都心かそこにごく近い周辺部を希望したが、名古屋市長の吉田禄在は市街地から外れてまだ沼や田圃の広がる笹島を推奨し、その代り名古屋の都心に繋が

**明治初期の名古屋駅**
(出所:『日本国有鉄道百年写真史』)

**明治時代の名古屋駅**[1)]
(出所:『写真に見る明治の名古屋』)

**3代目名古屋駅**

**現在の名古屋駅**

る広小路を延伸して名古屋駅に直結することを条件として約した。

　結局この案が通って名古屋駅の立地は西の街外れとなった。

　名古屋駅はその後、関西線や中央線の終着駅も兼ねることになるが、何といっても大事な東海道線においては東京と京阪神の中間駅であるのでホームは当然通過式となった。

　ここまで見てきたようにロンドンや東京、大阪、京都、名古屋でも終着駅は当時の都心ではなく周辺部にしか立地できなかったが、街造りの時代が最も若かったニューヨークでは最初から終着駅は都心に立地できた。ロンドンではその後、人口の増加、地下鉄やバス網の発達で市域は拡大し、各終着駅の立地は今や充分ロンドンの中心地帯に立地する結果になったし、パリでも同様であるが、東京のようにひとつの中央駅に集約できていないことには

変わりがない。

　それでは日本の主要終着駅は各々の街にどのような影響を与え、今やどのような立地になっているであろうか見てよう。この経緯を明らかにしようと思い、最初は都心から外れた周辺部に立地した大阪駅、京都駅、名古屋駅の立地はその後どのように変わってきたか、明治時代、昭和初期、そして現在という3つの時系列で三都市の終着駅周辺の概略地図を作ってみた。国鉄の大阪駅周辺は昭和初期になると阪神や阪急の私鉄ターミナルや百貨店も進出したこともあり、新しい市街地が取り囲むようになったが、その北は淀川という大きな自然の障壁があって市街地はその淀川で止まっていた。ただし現在は淀川の向こう側に東海道新幹線が通り、地続きの千里方面が開発されてきたこともあってしばらくそこもほぼ市街化されている。

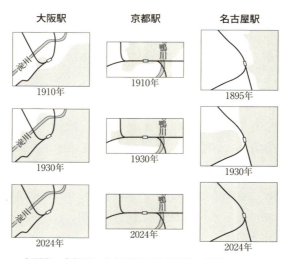

**大阪駅・京都駅・名古屋駅の市内位置の変遷**（筆者作成）

第 2 章　終着駅の立地　　31

初代京都駅
(出所:『日本国有鉄道百年写真史』)

2 代目京都駅[1]

京都駅の烏丸口駅舎(3 代目)[1]
帰属：si-take.

現在の京都駅[1]
撮影：663highland

　京都駅は京都市街地の南淵に設けられたが東海道線の南側・伏見区のこの辺りはずっと人家がまばらであった。昭和の初期になってもこの地域に市街はあまり発展しなかったが、京阪電鉄、近鉄京都線、JR 奈良線の沿線も徐々に開発され現在はぐんと市街

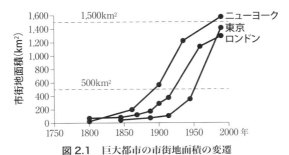
図 2.1　巨大都市の市街地面積の変遷

地化されている。

　名古屋駅は東方にある都心の栄から広小路が西方に延伸されてきた結果、昭和初期には駅周辺が大分市街地になってきた。戦前からある関西線や中央線の他1964年には新幹線が通り、今や名古屋駅は拡大された市街地に埋まっている。

　こうした傾向は明治以降の人口増大や交通網や経済の発展で当然起きている現象でもあるが、他の都市でも最初町外れにあった終着駅が交通の要衝となって求心力になり、今度は終着駅がその周辺の都市化や市街化の先導役になっている例は枚挙に暇がない。

　日本では最初街外れであった終着駅がいつの間にかもう街中に取り込まれる時間経過が一般的に欧米より速かったという現象を裏付けるデータがある。「全人口の中の都市人口比率」「全人口の中の農村人口比率の逆数」などでも十分近似値や近似傾向は十分得られるが、ロンドン、ニューヨーク、東京の市街地面積の変遷を1800年から2000年までを追ったグラフでみていきたい。

　この市街地面積というのは「近代的市街地面積」という意味であろうし、数値はごく概数ではあろうが大きな趨勢を見るには最適である。東京の市街地面積は1900年以降急に立ち上っている。この傾向は大阪にも、京都にも。名古屋にも当てはまるはずで、これが大阪駅、京都駅、名古屋駅が知らぬ間に街中になった経緯に該当するのであろう。

## 2.3　頭端式ホームと通過式ホーム

「頭端式ホーム」とは行き止まり構造のホームでヨーロッパの

大都市の終着駅や、日本でも私鉄の終着駅によく見られる。一方、現在日本の長距離幹線の終着駅はほとんど「通過式ホーム」の構造になっている。

ヨーロッパでは、駅舎内のコンコースを抜けるとホームが縦方向に何面も並んでいるのに対して東京駅、新宿駅、名古屋駅、京都駅、大阪駅、新大阪駅などでは駅舎のコンコースを抜けると大抵は階段やエスカレーターを上った高架面かあるいは地下面にホームが何面も横方向に並んでいる。そこに敷かれている線路は右方面にも左方面にも行くことができ、行き止まりではない。

東京駅の高架面では東海道新幹線と東北・上越・北陸新幹線と相互乗り入れができるようになっており、近郊の京浜東北線や山手線では東京駅は正に一通過駅に過ぎない。

また東京駅の地下面では、横須賀線と房総方面に行く電車（総武線・成田線・房総東線・房総西線）と相互乗り入れしている。

名古屋駅、大阪駅、新大阪駅でも高架面で東海道本線や東海道新幹線・山陽新幹線が同様に通過方式で発着している。

鉄道の機能だけからいえば、「通過式」の方が「頭端式」より便利に違いない。現在の日本では新幹線はもちろん在来線の列車

（左）頭端式ホーム（キングス・クロス駅）（右）通過式ホーム（東京駅）
撮影：ignis

でもすべて電車編成かディーゼルカー編成のいわゆる動力分散方式になっているので、たとえ頭端式ホーム構造でも、到着後折り返して出発するのにまったく問題はない。しかし、機関車牽引の客車列車、すなわち動力集中方式の場合、折り返して出発するには機関車を今度は反対側に付け替えなければならないし、まして蒸気機関車の場合は機関車の向きも転換しなければならなかった。

日本では珍しくなった頭端式ホームを持つ上野駅では、こういう機関車の付け替えをどのように行っていたのか調べてみると、到着列車が上野駅で乗客を降ろした後、至近の尾久操車場まで機関車が客車編成を後ろから押す推進運転を行っていた。上野駅発の出発列車の場合も尾久から上野まで機関車が客車編成を推して入線していたのである。

ただし後方の機関車の運転室から前方は見えにくいので、先頭となる客車には係員が乗り込んで、何かあったら即運転手に連絡できるようになっていたし、この区間の推進運転では時速25キロ〜45キロと低速に抑えられていた。

それではいまだ頭端式ホームが圧倒的に多く、機関車牽引列車の多い、ヨーロッパの終着駅ではどのように機関車の付け替えを行っているのであろうか。終着

**尾久操車場の車両センター** (提供：東京都)

駅ごとの個別の詳細までは不明であるが、いくつかのケースが確認される。機関車が先頭で牽引して頭端式の行き止まりのホームに到着すると、今度は客を乗車させた客車編成を機関車がそのまま後ろから推進して出発するケースである。

　ヨーロッパでは連結器が日本やアメリカのような妻面下部の真中にある自動連結器ではなく、妻面下部の両端に緩衝器を持ち真中のリンク式（ねじ式）連結器で牽引する構造なので、後ろからずっと安定して安全に客車編成を押していける。日本やアメリカのような自動連結器では牽引するには適しているが推進運転には却って不安定なのである。だからヨーロッパでは長距離列車なのに機関車が最初から後端に付いて推進運転するケースも結構ある。

　イギリスではロンドン〜エディンバラ間の東海岸線の特急列車がいまだ電車化されず電気機関車だった時代、またドイツでは今でも2階建て客車数両を小型電気機関車が推進運転するRC列車など沢山走っている。ところがとっくに自動連結器に切り替えてしまった日本やアメリカではこういう営業用の推進運転列車は一切見られないのである。

緩衝器付きねじ式連結器　　　　　　自動連結器

ただしヨーロッパでも、機関車が客車編成を推進するよりは牽引するケースが一般的であるので、機関車の後ろから前への付替えが行われているケースが多い。上野駅のように至近の操車場まで推進して行って付け替えるケースもあれば、終着駅やその至近場所でも側線さえあれば次図でも明らかなように機関車を客車編成の後ろか前へ付け替えることは簡単にできる。その根本原理は操車場でも終着駅でもポイントと側線さえあれば同じである。このような側線を「機回し線」、操作を「機回し操作」という。

さて頭端式ホーム構造だと、コンコース抜けて行くと縦に多くのプラットホームが並び壮観で旅情を掻き立てるし、ホームを見渡しながらカフェで飲むコーヒーは格別美味しい。

機能面から言えば、ホームからホームへの移動には階段やエスカレーターを使わず、コンコース側の平面をバリアフリーで歩いて行ける。一方欠点は乗降車両がコンコースから一番遠い場合は移動距離が長くなってしまう。また行き止まり式のホームに列車を停車させるには車止めと衝突させてはいけないので超低速運転が要求される、などであろう。

ここまで終着駅のホームが頭端式か通過式かの違いを物理的に説明してきたが、実はもっと大きい根源的意味を持っている。第一は、国の地理的・地勢的要素であろう。フランスの如く国の地理的形状がほぼ四角く、国内の諸都市の中でも首都パリの存在が

機回し線の概念図 （著者所有本）

図抜けている場合は、鉄道網がそこから放射状になってくるので、パリの終着駅は概して頭端式で事足りるはずである。首都ベルリンの存在が今よりずっと大きかった戦前のドイツでもこの辺りの事情はフランスに似通っていた。

これに対して日本のように国の形状が弓状で南北・東西に細長い国では、いくら首都・東京の存在が図抜けているといっても、仙台、横浜、名古屋、京都、大阪、広島、福岡と百万都市の終着駅での乗客の流れは完結的ではなく継続的である。だからこれらの大都市の終着駅は通過式の方がずっと適しており、東京駅でもまさにそのとおりなのである。

第二は、幹線鉄道が民営か国営かによって考え方が大分違ってくることである。戦前も戦後もずっと民営鉄道で運営されてきたアメリカはもとより、1947年まで民営だったイギリス、1938年まで民営だったフランスなどでは鉄道会社間の激しい自由競争の中で、異なる鉄道間や路線間での直通列車の運行や乗り換えの利便性はとかく軽視される傾向が強かった。

それに引き換え1872年の鉄道開通以降、官営・民営二本立てで出発したものの1907年に幹線が国有化された日本では直通列車の運行や乗換の利便性はぐんと重視されてきた。特に日清・日露戦争、大陸進出、日中戦争などで大陸に渡るための国内ルートとして東海道・山陽線直通列車を始め、他の幹線やローカル線の間でも直通や乗換の利便は国益としても重視されてきた。そして戦後平和が続いている現在の方がもっとこの傾向が強まっているようであり、日本においては終着駅の通過式ホーム構造がそのために大いに役立っているのである。東京駅では通過式のホームを

ちょっと移動するだけで東海道新幹線と東北新幹線（山形新幹線・秋田新幹線も含めて）・上越新幹線・北陸新幹線が乗り継げるので利便性では大変優位である。

　まだ個別に頭端式終着駅が散在するパリであるが、最近「パリ相互連絡線」を敷設し、ロンドン方面へのLGV北線、マルセーユ方面へのLGV東南線、ストラスブール方面へのLGV東線、シャルル・ド・ゴール空港などを結ぶ総延長102キロの高速鉄道連絡線が完成している。LGV北線の終着駅はパリ北駅、LGV東南線の終着駅はリヨン駅、LGV東線の終着駅はパリ東駅と変わらないものの、この連絡線を使えば多少の乗換の手間はかかるが、高速鉄道LGV各線を効率よく乗り継げるという意義は大きい。それ以前にLGV各線を乗り換えるにはパリの終着駅に着いてから地下鉄を使う必要があったから大きな進歩である。（ただしパリ北駅と東駅は隣接しているので徒歩で連絡できるが）

---

**停車場①　モンパルナス駅の椿事**

　ここで頭端式だからこそ起きてしまったモンパルナス駅の機関車突破事故を回顧してみる。1895年10月22日午後4時頃、パリのモンパルナス駅でとんでもない事故が起きてしまった。

　グランヴィーユ発パリ行きの急行列車は、途中で数分ダイヤより遅れたので、運転手はそれを回復しようと終着のモンパルナス駅に向けて通常よりスピードを上げて進入していった。ところが運悪く列車の空気ブレーキが不調で定位置に止まり切れず、頭端駅には必ずあるバッファー付車止めに衝突したが、なお勢い余って駅舎の中のコンコース上を30メートルも突っ走り、駅舎の壁を突き破って、機関車は真下の道路に斜めにぶつかってようやく静止したのである。列車に乗車していた131名

**モンパルナス駅の事故**[1]

の乗客中の2名と機関助手が負傷するだけで済んだが、道路を歩いていた女性1名が下敷きになり犠牲になってしまった。マリー・オーガスティンというその女性は路店の新聞売りの女房で、夫が夕刊を近くまで取りに行っていた間、店の留守番をしていた矢先に機関車が斜め上から降ってきたのだからたまらない。機関車は苦労して2階のホームに引き揚げられたが、ほとんど無傷でその後も使われたようだ。終着駅でもホームが通過式ではなく頭端式構造だと、到着列車が減速し切れず車止めにぶつかる懸念はいつでも孕んでいるが、このような大きな事故は空前絶後未聞である。それとホームが1階ではなく2階レベルだったことが事故を大きくしたのであるが、2階のコンコースを30メートルも突っ走る際に死傷事故が起きなかったことはせめて不幸中の幸いであった。

# 第3章　終着駅は鉄道のシンボル

## 3.1　終着駅はどんどん立派になった

### (1) 欧米の終着駅の様式

　世界初の商業鉄道であるリバプール・マンチェスター鉄道が1830年に開業した時、リバプールの終着駅が「クラウン・ストリート駅」、マンチェスターの終着駅が「リバプール・ストリート駅」であった。なにぶん初めての鉄道運営であったので、内々自信はあったものの、果たして儲かるかどうか、貨物収入の方が旅客収入より多いのではないか、などの暗中模索から、終着駅の駅舎に大きな投資はできず、いまだ小形で素朴な建築であった。

　しかし、この不安と予想は見事に覆されることとなった。リバプール・マンチェスター鉄道の売り上げは順調に伸びていくと同時に、旅客収入が貨物収入を凌ぐことが証明された。そうなるとクラウン・ストリート駅はリバプール市内中心部からは距離が遠すぎた。

　その結果、6年後の1836年にクラウン・ストリート駅は「ライム・ストリート駅」に移ったし、マンチェスターのリバプール・ストリート駅も1844年に「マンチェスター・ヴィクトリア駅」に移っている。両駅とも短期間で、もっと大きく立派な二代目の駅に移転し大発展している。

　そのような流れの中で首都ロンドンの主要駅は次々と建設され、最初から壮大荘厳であったのである。

初代リバプール駅[1]（左）と初代マンチェスター駅[1]（右）

撮影：Pit-yacker

2代目リバプール駅[1]（左） 2代目マンチェスター駅[1]（右）

撮影：Neil T（左）、Parrot of Doom（右）

1830年以降、鉄道は「儲かるもの」と多くの会社が参入し、線路を急速に敷設し出した。すると1840年のイギリスの鉄道延長は1,500キロに達し、さらに倍々ゲームで伸びる機運がみなぎった。そうなると各鉄道会社は、車両にも施設にも終着駅にもふんだんに投資した。将来も見越して威信をかけ、競争しつつ、終着駅を過剰に壮大豪華にしたのである。

19世紀中頃というとヨーロッパの大都市中心部の大きな建物や市街は出来上がっていたのに対して、新しく建てられる鉄道の終着駅の建築様式には、少しでも壮大に見せるために、当時の現代風ではなく、むしろ古典風が採用された。それらの様式を整理すると表3.1になる。

表 3.1　首都ロンドンの主要駅の様式

| 建築様式 | 流行時期 | 特　徴 |
|---|---|---|
| ギリシャ・ローマ | BC5 ～ AD2 | ギリシャ、ローマ時代にはやった様式で、細長い柱廊を備える |
| ビザンチン | AD4 ～ 15 | 東ローマ帝国時代にはやり、ドーム、アーチ、尖塔などを備える |
| ロマネスク | AD10 ～ 13 | 西欧全域の教会様式、円柱で半円筒を支える方式 |
| ゴシック | AD12 ～ 19 | 肋骨で天井を支え、尖塔を天に向かって突き刺す様式 |
| ルネッサンス | AD14 ～ 17 | ゴシック様式の尖塔の代りに円形ドーム |
| バロック | AD16 ～ 18 | 不規則な曲線や不統一な古典風への回帰 |
| ロココ | AD18 頃 | 外観はあまり目立たせず、内装を繊細・優美に仕上げた様式 |
| アール・ヌーボ | AD19 末 | 曲線主体の柔らかい装飾的表現 |

　従来から大都市にある教会や美術館、市庁舎、議事堂、ホテル、百貨店、銀行、劇場などは、人の出入りはあるが比較的穏やかで静かな「人流滞留系」である。それに対して、終着駅では列車の発着、人の出入りが激しい「人流激流系」となる点が大きく異なる。各鉄道会社が各々建てた終着駅ではあるが、どこでもほぼ共通なレイアウトが採用された。

　まず街から駅に入る玄関口として壮大な駅舎が建てられる。その天井の高いコンコース内には改札口はもちろん、待合室、売店、食堂などが設けられた。そこを通り抜けて中に進むと、縦に行き止まり式のプラットホームが何面も並び、それを覆う屋根は当時の新建築材料である鉄骨とガラスがふんだんに使われて、高く大きな円形や三角切妻形になっていた。

　そこには力学的計算がされた最新の建築技術が駆使され、明るく日差しが入り、蒸気機関車の吐き出す煙や蒸気がホーム上を行き来する人たちのはるか上方へ行ってしまう必要があった。すな

ヴィクトリア駅の荘厳な駅舎（左）とパディントン駅の改札からみるホーム（右）

わち終着駅は壮大な駅舎と広大なトレイン・シェッドによって構成されたが、駅舎は有名な建築家を使って建てられたその都会からのゲートであり、トレイン・シェッドは鉄道技師によって建てられた地方からのゲートという機能を果すことになった。このような機能を考えると終着駅のレイアウトの共通性は高かったのである。

　ロンドンでは列車の向かう方面別にユーストン駅、キングス・クロス駅、パディントン駅、ヴィクトリア駅、セント・パンクラス駅、などが踵を接して建てられてゆき、似たような現象はパリでもベルリンでもニューヨークでも踏襲された。

　そして多くの終着駅が節目ごとに、さらに立派な駅舎へと建替えられていった。それに伴い、駅舎の建築様式は19世紀末になると、壮大な古典様式よりお洒落な当時はやりのアール・ヌーボ調が採用されていった。パリ東駅や北駅、ブダペスト西駅などが代表的である。20世紀に入ると、再度古典的で壮大なミラノ駅、プラハ中央駅、ニューヨークのグランド・セントラル駅などの駅舎が出現したが、1920年代、1930年代になるとローマ駅やベニス駅などには当時の現代風である軽快なアール・デコ調が採用された。

## (2) セント・パンクラス駅の誕生から現代まで

このような欧米の駅の代表としてロンドンのセント・パンクラス駅の誕生から現在までの歴史を簡単に振り返ってみよう。今に残る多くの終着駅の中でも最も壮大で魅力的な駅だと思われるからである。イギリス唯一の本格的高速鉄道はロンドンとパリやブルッセルを結ぶユーロスターであり、ロンドンの終着駅には一時的にウォータールー駅が使われたが、その後この駅に移された。

その最大の理由はこういった駅舎の魅力によるもので、2007年の改装工事では、くすんでいた外見もレンガの化粧直しでいっそう美しくなり、屋根も拡張された。

セント・パンクラス駅は1868年とロンドンの終着駅では最も遅く建てられた。マンチェスター、リーズ、ノッティンガム、ブラッドフォードなど中部イングランドへ向かう列車が発着するが、行き先からいってもむしろ地味であった。

それにもかかわらず、19世紀のヴィクトリア朝時代に人気があったネオゴシック様式で建てられた建物の壮麗さは一際目立っ

セント・パンクラス駅[1)]
撮影：© User：Colin（左）

改修されたセント・パンクラス駅内部

ていたが、第一次世界大戦でも第二次世界大戦でもドイツ軍の空襲を受けてかなり破壊されてしまった。戦後、1966年になるとこの駅と隣接するキングス・クロス駅の駅舎が一旦取り壊されることになりかけたが、建築史家のペヴスナーらが反対運動を起した結果、その貴重な建築物を保存しようと決まったのである。

翌1967年にはセント・パンクラス駅は保存すべき歴史的建築物としての最上位にランクされて、事態は一変した。こうして取り壊しは免れたが、当時のイギリス国鉄は資金不足のため改修工事もできず、プラットホームを覆うドームは蒸気機関車やディーゼル機関車の煤で真っ黒に汚れ、駅舎も老朽化してきた。

しかし2007年からユーロスターのターミナルとしてセント・パンクラス駅を使うことが決定すると、新しくプラットホームを6面追加し、大幅な増改築をすることになった。しかもこの改築工事は2004年から2007年までかけて歴史的建造物保存のルールに則って慎重に取り進められたのである。元の古い部分は忠実に残す一方、増築部分はコンクリート、ガラス、鉄、アルミニウムといったモダンな建築素材を使って建てられたが、見かけは一体感を失わない配慮がなされた。また駅構内にあったミッドランド・グランドホテルは1935年以降閉鎖されたままであったが、旧ホテルを忠実に再現するように改築されて2011年にオープンした。

1843年以降、イギリスでは鉄道を敷設する際に線路脇に必ず電信線を走らせるようになったので、終着駅には電報・電信の受発信オフィスが設置された。19世紀も後半になると地方から大都市へ人の移住が始まり都市人口が増えていき、人口の増えた大都市では大量生産、大量消費が始まった。その様式が地方にも伝

播していったために、地方ごとの特色が徐々に薄れていった。商品だけでなく情報、ゴシップ、流行、政治的スローガン、スポーツなども大都市の終着駅から地方へ広がっていった。

　それに伴って国民色、国の一体感が確立されてきたのはまさに鉄道の延伸と拡散によって起こった現象である。新聞も地方紙よりも大都市で発行される全国紙が優勢となって、毎日大都市の終着駅から快速の特別列車で地方の終着駅へ運ばれ、各家庭に配達された。鉄道会社も収益に余裕があり、社会貢献も宣伝になると考え、新聞の鉄道運賃を通常貨物の半額にしたし、スピードという面でも、1848 年にはロンドンからグラスゴーまで新聞を速達列車に乗せて 10 時間で運んだのである。

## 3.2　東京の終着駅

### (1) 初代新橋駅の開業

　日本で最初の鉄道は、1872 年に新橋と横浜の間に 6 駅を設けて開業した。当時の駅舎は木造平屋建ての簡素なものであった。その後、鉄道路線の伸長・拡大や交通量の増大もあって、大都市の終着駅の駅舎は大きく堅牢な二代目、三代目へと建て替えられていったが、ヨーロッパ諸国やアメリカの大都市に見られるような豪華な駅舎、壮大なコンコースやトレイン・シェッドは出現しなかった。また駅中にホテルやレストランまで備えるものは、1914 年開業の東京駅以外では日本には実現しなかった。

　初代の新橋駅は 1872 年 10 月にリチャード・ブリジェンスの設計による木造石張り 2 階建ての西洋建築の駅舎で以て開業した。しばらくは横浜までしか線路が通っていなかったので、そのまま

第3章　終着駅は鉄道のシンボル　　47

初代新橋駅（左）と2代目新橋駅（右）

(出所:『日本国有鉄道百年写真史』)

であったが1889年には東海道本線が神戸駅まで全通すると、日本の最重要幹線に於ける首都・東京の玄関口として重要視されて、レンガ造りに改築された。1909年に旅客駅はやや北方に移動して「烏森駅」に、貨物駅は「汐留駅」と分離された。その間、初代目新橋駅、二代目新橋駅（関東大震災で瓦解した）を見て頂きたい。そして初代新橋駅について、当時お雇い教師として日本に滞在したモースが次のように書いていた。

> 東京は人口百万に近い都会である。——我々を東京へ運んで行った列車は一等、二等、三等から成り立っていたが、我々は二等が充分清潔で且つ楽であることを発見した。——我々は東京に着いた。汽車が停まると、人々はセメントの道に下りた。木製の下駄や草履が立てる音は、どこかしら馬が沢山橋を渡る時の音に似ている。このカラコロという音には、不思議に響き渡る、どっちかというと音楽的な震動が混っている。
>
> (エドワード・モース：石川欣一訳『日本その日その日』)

1914年に東京駅の完成によりそれが東海道本線の終着駅となり、新橋駅は東海道線の途中駅、横須賀線と山手線の一駅になり下り、駅の機能はぐんと低下した。

## (2) 上野駅の開業

上野駅は、日本鉄道による上野～熊谷間の開業に先立ち、寛永寺の子院跡約10万 $m^2$ を東京府から借り受けてその用地とし1883年に仮駅舎で開業した。その後、1885年にレンガ造りで約800$m^2$の本駅舎が竣工した。1階に出札口、コンコース、待合室を備えた点は新橋駅や横浜駅と同じであった。

上野～宇都宮間も開業すると交通量も増えた。1890年には、貨物駅を旅客駅から分けるため、南方に貨物線を敷いて秋葉原駅に移転させて上野駅は旅客専用駅となった。なお、1896年には隅田川駅をさらなる貨物駅として開業させている。1900年には2階建てに拡充され、敷地内に事務所、倉庫、売店などが立ち並んだ。

1923年9月1日の関東大震災でこの駅舎は焼失し、しばらく仮駅舎での営業を余儀なくされたが、山手線の高架開業があって

初代上野駅（左）（出所：『日本国有鉄道百年写真史』）と2代目上野駅（右）[1]

**3代目上野駅** (出所:『平和記念東京博覧会絵ハガキ張込帖2』東京都立図書館所蔵)

上野駅は山手線と、東北線・常磐線・高崎線という長距離幹線を接続する駅としてその位置付けを高めた。

その需要に応えて1932年に3代目の駅舎が完成した。乗車客は1階の車寄せから列車ホームへ、降車客は地下1階の車寄せへ、それぞれの動線が設計された。本屋の中央に設置した広大な空間がコンコースとなり、2階部は業務エリアとなっていた。そしてこの駅舎は今も使われているのである。

### (3) 新宿駅の開業

新宿駅は、1885年、日本鉄道が赤羽〜品川間に支線を開業した際に中間駅として設けられた。当時は支線の一通過駅に過ぎなかったし、新宿も場末であったので、初代駅舎は貧弱で乗降客も極めて少なかった。

しかし1889年に大きな転機が訪れる。甲武鉄道が甲州・信州

内藤新宿駅 (出所:新宿歴史博物館 蔵)

3代目新宿駅[1]

への延伸計画をもって新宿～八王子間を開業させたのである。支線・山手線の一駅に過ぎなかった新宿駅が中央本線の終着駅となった。その後、1906年に2代目駅舎・内藤新宿駅が現在の

現在の4代目新宿駅

東口付近から南口付近へ移転し、同時に甲武鉄道が国有化され中央本線となった。

　1923年に発生した関東大震災では下町の被害が大きかったことから被災した人々は地盤の安定した東京西部の武蔵野台地へ、特に中央線沿線に移り住み、東京市民の人口分布や交通の流れが大きく変わった。当然、新宿駅の利用者も急増したので震災復興を兼ねて新宿駅の拡張工事が行われ、1925年に3代目となるコンクリート2階建て駅舎となり、一日当たりの乗降客数は日本一に躍り出たのである。その間、1923年に京王電鉄、1927年に小田急電鉄が隣接した新宿駅西口を開業させている。そして、1964年に新宿ステーションビルに建て替えられて現在の東口となり、その後西口、南口にも駅ビルが建てられている。

## (4) 両国駅の開業

両国駅は、千葉県方面への鉄道建設を目論む総武鉄道が1904年に開業させた。両国駅から本所までは、日本で最初の高架区間であった。当初の駅舎はホームの西側に建てられた木造2階建て560平米とごく小さかったが、隅田川からの運河が構内に掘られ貨物営業も開始された。

1923年、関東大震災で被災し、仮駅舎で凌いでいたが、1929年に新駅舎が開業した。駅構内の面積は約1万 m² へとぐんと増大し、待合室を始め内部施設も充実した。この頃になると総武線の他房総西線、房総東線と千葉県方面との路線が増え、そのすべての路線の終着駅となった。

したがって当時の両国駅は、東京の鉄道駅のなかでは、東京駅、上野駅、新宿駅、新橋駅に次ぐ第5位の取扱収入を示し、渋谷駅や池袋駅などを凌いでいた。しかし1935年、御茶ノ水〜千葉間の電化が完成して電車が走り出すと、千葉以遠に往来する乗客も大抵、この電車を使うようになったので、蒸気列車の終着駅・両国駅はだんだんと凋落していった。戦後は千葉から先はまだ非電化であったので、1958年から気動車準急の運転が開始され、そ

初代両国駅　　　　　　　　　2代目両国駅
(出所:『日本国有鉄道百年写真史』)

の終着駅として両国駅はかなり復活した。

 しかし1972年に東京駅から錦糸町駅までの地下線で総武快速線が建設され、快速列車が東京駅へ直通するようになった。さらに総武線、内房線、外房線がすべて電化されると、1982年のダイヤ改正からほとんどすべての列車の終着駅が東京駅に移ってしまい、両国駅は総武線普通電車の一停車駅になり下ってしまっている。

### (5) 今はなき万世橋駅の開業

 今やなく、もはや知る人の少なくなった万世橋駅近辺は、一時賑やかな盛り場になっていた。江戸時代から問屋や商店が立ち並んでいたが、明治に入ると飲食店や娯楽施設もできて繁華街に発展していた。

 甲武鉄道は1889年に新宿～八王子間を開通させた後は都心への延伸を進め、全通後は万世橋駅を終着駅とする予定で、肝入りで建設した。それゆえ駅舎は東京駅と同じく辰野金吾の設計による豪華なもので、一部鉄骨も使ったレンガ・石積の2階建であ

万世橋駅 （出所：国立国会図書館所蔵『日本写真帖』）

った。

正面を入ると2階まで吹き抜けのコンコース内に出札口と一等、二等、三等の待合室、婦人待合室が設けられ、乗車のために通る改札口と到着の後通る集札口がきちんと分かれていた。2階には趣が異なる3つの食堂、バー、会議室などが設けられて、芥川龍之介や菊池寛らの文士が好んで集うサロンになっていたという。この2階と同じレベルに4線が引き込まれ、そこに長短2面の島式ホームがあった。すなわち長距離列車用と電車用である。

しかし万世橋駅の華やかな時期は短かった。そもそもこの駅は、甲武鉄道が飯田町から万世橋まで延伸できたからこそ成就したのに、東京市区改正委員会は1895年に万世橋からさらに線路を伸ばして上野〜新橋間の山手線へ連絡するように義務付けたのである。これでは万世橋の位置付けが終着駅ではなく中間駅になってしまう。果たして1919年に高架線で万世橋〜神田間が繋がると、中央本線の起点は東京駅に移されてしまった。これで終着駅・万世橋駅は7年間でその使命を終えてしまったのである。

ただ、結果的には、万世橋駅の設計・施工こそが大本命の「東京駅」の習作になった。万世橋駅前には広場があって日露戦争で戦死した廣瀬中佐の銅像が立っていたが1923年の関東大震災で大きく瓦解し、遂に旧に復しなかった。しかし、甲武鉄道が1906年に国有化され中央本線になると、状況は一変した。中央線は八王子以遠に延伸されたが、中央線列車の終着駅は新宿になってしまったのである。さらに国電も秋葉原駅、御茶ノ水駅、神田駅、東京駅とできてくると、万世橋駅はまったく存在意義を失って駅そのものがなくなってしまったのである。

## 3.3 東京駅物語

### (1) 東京駅の設計・建設

　欧米の堂々たる終着駅の威風に対抗できる日本の終着駅は、昔も今も東京駅を置いて他にない。戦前、東京の終着駅は、官鉄の東海道本線が新橋駅、日本鉄道の東北本線、信越本線などが上野駅、甲武鉄道の中央本線が新宿駅、総武鉄道が両国駅と分散していた。

　当時、これらの4駅を一本でつなぐ鉄道路線はなく、市街電車を使うしかなく、不便であった。特に新橋と上野を鉄道で繋ぐことが悲願であったが、この区間は江戸時代からの家並が密集していて地上線路を敷くことが難しく、高架線にするしかなかった。一方、新橋駅も上野駅も手狭になっていたのでその際、新橋と上野の中間に大きな中央終着駅を造るべきとの意見が大きくなっていった。

　丸の内、日比谷、霞が関の一帯はまさに東京の中心に位置するが、陸軍の練兵場として使われていた。それでも将来を見越して1884年から東京府を中心に検討が始まり「市区改正委員会案」が作られた。案の定、1890年には陸軍は撤収し、この地は東京市から三菱財閥などの民間に払い下げられた。

　さて、この地域の市街地化計画は新たにできる上野〜新橋間の高架線と東京中央駅と三味一体となったグ

一丁倫敦
(出典：「THE 丸の内100年の歴史とガイド」三菱地所)

ラン・デッサンであった。市街地は外濠に沿った丸の内・大手町をオフィス街に、日比谷・丸の内を官庁街にするというもので、東京駅から有楽町にいたる一帯には、まずは馬場先門周辺に赤レンガの建物が18棟建てられ、この一角は「一丁倫敦」と呼ばれた。

その後は三菱以外の資本も加わり、帝国劇場、東京商工会議所、日本興業銀行、報知新聞社ができたが、東京駅ができるまでは、アクセスが悪く開発は牛歩の如くであった。

1914年12月に遂に待望の東京駅が完成すると、丸の内開発のペースは加速した。台湾銀行、横浜正金銀行、日本郵船、東京海上、明治生命などのビルが建てられて戦前におおよそ丸の内一帯のビジネス街が完成した。そのかわり、旧来丸の内にあった大審院など司法関係のオフィス、東京府庁などは丸の内から退去・移転していった。

高架線建設については、新橋〜東京区間を官鉄が、東京〜上野区間は日本鉄道が受け持つことになり、1900年に工事に着手されたが、義和団事件や日露戦争が起ったので一時中断し工事再開は日露戦争後の1906年からになった。そして1907年に幹線鉄道の国有化があった関係で、この鉄道工事全般が鉄道院の一手受け持ちになった。

東京中央終着駅の設計・建設にはドイツ人のルムシュテルとバルツァーという二人が招聘された。基本レイアウトについてはヨーロッパの前例を見習って壮大でかつ頭端式がよいという意見は根強くあったが、意外にも2人のドイツ人技師も、鉄道庁長官であった井上勝も、発着効率・輸送効率を考えると通過式がよいと主張し、それが通って現在にも継承されている。ただし駅舎のデ

ザインに関しては2人のドイツ人が和洋折衷の、上野にある国立博物館のようなデザインを残していた。しかしバルツァーも1903年に帰国し、辰野金吾が主任技師に就任すると、和洋折衷をむしろ純西洋式に変更したのである。その辺り辰野本人からバルツァー評を聞いてみよう。

其の建図は余程変ったものであった。構造は煉瓦造り、大体の外観は西洋館で、瓦葺の屋根に日本風の棟、降棟などを付け、軒先には短い化粧室を並べ、出入口の上には唐破風を乗せると言った様な遣り方で、恰度新米の西洋婦人が洋服を着て居ながら、赤毛の島田髷に花簪をさし、カラやカフスの代りに友仙の裂を巻きつけて、駒下駄を穿いたといふ扮装。自分は珍しいと思ふだらうが、日本人の目には甚だ不格好で、不釣合いで、加味した日本趣味も不肖化で、とても呑み込まれないもののやうであった。

(辰野金吾『中央停車場の建築』)

当時の日本のナショナリズムの高揚は、日本の伝統の再発見ではなく西洋に憧れる「脱亜入欧」の方向だったのだ。辰野とて設計をいろいろなデザインに紆余曲折させ最終案がまとまったのは

東京駅　ドイツ人設計図　(出所：『東京駅誕生』)

**戦前の東京駅** (出所:『日本国有鉄道百年写真史』)

1910年12月のことであった。なお辰野金吾(1854年〜1919年)は工部大学校で建築をコンドルに学び、イギリスに留学、帰国後、工部大学校教授となり、当時、日本人建築家として第一人者と目された人物である。前述したように万世橋駅の設計も手掛けたのは、この東京駅設計のちょうどよい習作になったはずである。

1914年12月14日、遂に東京駅が開業すると、時の首相・大隈重信が次のような祝辞を寄せていた。

> 凡そ物には中心を欠くべからず。猶ほ恰も太陽が中心にして光線を八方に放つが如し、鉄道もまた光線の如く四通八達せざるべからず、而して我国鉄道の中心は即ち本日開業する此の停車場に外ならず、唯それ東面には未だ延長せざるも此は即ち将来の事業なりとす、それ交通の力は偉大なり

そもそも最初に日本に鉄道の導入を懸命に力説し尽力したのは、伊藤博文と大隈重信の二人であったのだ。ただ開業当初の東京駅近辺は実に淋しい所であったことを次の文章がほうふつさせてくれる。

出来たあかりの東京駅前一面の原っぱで、子供も遊んでいま
せんでした。—— 終列車が出てしまうと、駅の中がシーンと
してしまって気持が悪かった。—— でも東京駅の建物は立派
で大きかったこと、あいた口がふさがらないくらいびっくり
しました。横に長い大きな赤レンガ三階建ての外国風建物が、
なんにもない原っぱに一つだけ建っているんですからね。
—— あれから、だんだんとビルが建って、いつのまにかビル
の街になってしまいました。

(永田博『東京駅と共に歩いた女性』)


## (2) 戦後の東京駅

　東京駅の開業後、中央線が万世橋から東京まで延び、山手線も
上野から東京を通って新橋に達して環状運転が始まると、人々は
丸の内界隈に通いやすくなった。ビルも増え、互いの相乗効果が
加速していった。八重洲側と丸の内側の連絡通路もでき、乗降客
が急増してきた。1923年に関東大震災が起こったが、頑丈に造
られた東京駅には大きな被害はなかった。

　筆者が子供心に覚えているエキゾチックな建物が東京には3つ
あった。皆、丸形ドームを持つもので、ニコライ堂、旧国技館、
そしてこの東京駅である。当時、東京に高層ビルはなく電車の窓
から、外国の建物のようなエキゾチックなドーム屋根を見ること
ができたのである。

　しかし、戦時下の1945年に入ると日本本土、特に首都東京に
対する爆撃は激化し、東京駅は1945年5月25日の爆撃で屋根も
内部も大きな被害を受けて焼け落ちた。このような状況にもめげ

ず国鉄の列車は6月2日には運転再開されたというから大したものである。

終戦になると東京駅は復興の目玉として注力され1947年3月15日には一応の復興工事を終えることができた。ただ、当時の資材難、資金難から本格的復興工事というわけにはいかず、急場しのぎの応急復興ではあった。被害の甚だしかった3階部分を取り壊して2階建てとし、屋根は複雑な曲線を使った丸形ドームを排して直線的な八角形のピラミッド型にした。屋根の骨材も鉄骨から木材へ、屋根は銅板葺きから鉄板葺きになった。

当初4〜5年もてばよい、という補修であったようだが、本格的な大改築が始まった2006年まで維持できたのである。元来の東京駅は戦前30年で焼け落ちたものが、戦争直後の応急修理によってその倍の60年ももったのであるから感心せざるを得ない。

この東京駅の大改修工事は、ちょうど国鉄民営化がなされた1987年ごろから、文化財としても旧駅を復興したいとの市民運動が盛んになった。その後学識経験者も加わり、JR東日本は1999年にこの構想実現を決定した。

その後、2006年には国の「重要文化財」に指定された。2007年に開始された改修工事では、鉄骨鉄筋コンクリート壁で増築して建築当初の3階建てに戻し、外壁、尖塔、南北両ドームの内外の意匠も再現、新たに地下1・2階を増築し免震装置を設置した。ドーム部分の屋根は、建設当時の銅板葺きに戻されたのだが、その銅板は合計1トンも使用された。

そして、ついに2014年10月1日に東京駅の駅舎は全面再開となった。復原工事に伴って休業していた駅舎内の「東京ステーシ

戦後の2代目東京駅（左）と現在の東京駅（右）

ョン・ホテル」も規模を拡大して再開業したが、復原工事費用は総計約500億円かかったといわれている。

### 3.4 終着駅のにおい

#### (1) リバプール・ストリート駅のにおい

ここまで多くの終着駅の立地や建築などについて述べてきたが、そういう背景と密接に絡まって終着駅ごとの雰囲気やにおいが自ずと醸成されてくる。細長い国土に縦貫型の幹線が走り、最近は東京駅を始めとして構造的にも人流的にも通過型になっている日本の終着駅では、各々が全国共通的に均一化してしまい、終着駅ごとの雰囲気やにおいが昔以上に希薄になっているようだ。

ところが、ロンドンやパリの終着駅を見ると、首都からそれぞれ特定の地方に向けて放射状に発着する頭端型なので、昔からの各々の沿線の雰囲気とにおいが保たれているようである。

ロンドンの終着駅であるリバプール・ストリート駅、ヴィクトリア駅のにおいを追ってみよう。沿線も終着駅周辺も下層庶民が住むリバプール・ストリート駅についてはいろいろある。

この駅はロンドンの北東部にあるアングリア地方からの終着駅

であるが、この地域は荒野や沼沢地が多く、決して恵まれた地方ではない。それだけに沿線は地価も安く、ロンドンで働く庶民や労働者階級の住宅地として開かれていった。

リバプール・ストリート駅の構内

また地理的に長距離路線ではなく中短距離路線なので、この駅は長距離旅行客よりむしろ通勤客の方が多い。ロンドンでも最も庶民のにおいがする駅という意味では「ロンドンの上野駅」といってもよいであろう。

　　　ロンドンの勤労者鉄道である。他の諸鉄道以上に勤労者を望ましい顧客として歓迎し、他のいかなる諸鉄道が及びもつかぬ程度まで、勤労者乗客の要望を特別の研究と対策の対象にしているように思われる
　　　　　　　　　　　　　（『ロンドン府議会・公衆衛生住宅委員会：1892年』）

　甘い初夏の息吹が、かぐわしく穏やかな秋の空気を、ロンドンのもつれ合った迷路鉄道のいちばん奥、毎年積もる煤の鞘にくるまれた不潔な巣窟の中にまで送り込んでいた。荒々しい叫びや金切声を彼は聞いた。憤怒か悲嘆の叫びのようだ。しかし笑う者、言葉を交わす者はいない。主人も部下も、老いも若きも、目的のない、粗野で強烈な雑沓の中に以遠に迷い込んでしまっている。しかし、逆境の中で真剣にはかない

希望を求めながら、何としてでも生きる決意を固める者がいる。街頭で客を待つ女たちだ。

　　　　　　　　（『リバプール・ストリート駅』：ジョン・デンヴィッドシン）


　ロンドン子にとっては香しい6月、この詩人は郊外まで出かけて散歩してのどかな田園風景を満喫する。しかし夕闇迫る頃リバプール・ストリート駅に戻ってくると、その気分は暗く厳しい都会の空気で吹き飛ばされてしまったという光景である。


## (2)　ヴィクトリア駅のにおい

　これと対照的な終着駅が「ヴィクトリア駅」だった。ここからはヨーロッパ大陸に渡るドーバーや高級避暑地ブライトン行きの列車が発着し、沿線のケント州地方はロンドンの南方にあってイギリスでは最も気候が温暖で、通勤圏内は概して高級住宅地であった。1908年より、この駅からイングランドの南岸の保養地ブライトンまで特急列車が走り出した。たった100キロ弱の距離を1時間強かけて走る豪華列車であった。それに乗った時の印象を当時イギリスの中産階級を好んで描いていた作家が書いている。


　　ヴィクトリア駅とこの特急の性格そのものが、彼が経験した他のどの駅や特急列車の性格とは段違いだった。こちらはソフトで気張ったところがない。中部イングランド地方のような忙しい野暮ったさがない。こちらは金儲けの気苦労や屈辱を味わわずに金を使える余裕と快楽を物語っていた。この特急列車に乗りに来る客は、誰も彼も富と権勢の確信にあふ

れた物腰だ。手荷物もすべて贅沢で、十五ポンドから二十ポンドもするハンドバッグも見うけられる。一、二、三等の区別などない。この列車には等級がないのだ。金ぴかの車両の広い内部に座を占めた時、彼は自分がこの世界に属さない侵入者であるという自覚を、顔色から隠すことができなかった

(『クレイハンガー』：アーノルド・ベネット：1910年)

　20世紀になるとイギリスの鉄道はもう二等級制に移行していたが、この「ブライトン・ベル」という特急列車は全列車一等の豪華編成だった。作家ベネットが中部イングランドから出てきたので、別世界に見えたようだ。それにしても上流や下層と違ってベネットのような中産階級の代弁者は神経質で細かい階級観を持っているようである。

ロンドンの街並み　写真上部にハイドパーク右下にヴィクトリア駅が見える。

## (3) 日本の終着駅のにおい

さて、欧米とは異なり、日本の終着駅はかなり均質化していて、筆者にはその各々のにおいは希薄であるように感じられる。だが、やはり東北・上信越地方からの列車が発着してきた上野駅にはとかく哀愁という空気が流れているように感じる。石川啄木が詠んだ次の短歌はあまりにも有名である。

　　ふるさとの訛りなつかし停車場の人ごみの中にそを聴きにいく
　　　　　　　　　　　　　　　　　　　　　　　　　（石川啄木）

昔の終着駅は長距離列車の発着駅であったので、通常乗降客とその送迎客が主な入場者であったのであるが、一方誰でも入れるオープン・スペースでもあるので、このように、においや雰囲気を求めた人も居たのであろう。なお、啄木の歌碑を見に行くとその脇にJRでは珍しい頭端式特有の車止めが見られるのである。

一方、大阪駅も筆者のような東京の人間から見ると異国情緒に充ちている。そこが東京と最も変わっているわけでは決してないが、大阪は公私併せて東京人が最も頻繁に訪れるし、関西の象徴

石川啄木の歌碑（左）と歌碑のある 15 番線ホームの車止め（右）

として大変気になる街であり、駅であるからであろう。

次に紹介する文章は、水上滝太郎の『大阪の宿』の一節であるが、大正末年の大阪の風情と人間模様を最後は終着駅・大阪駅を舞台に懐かしくも感傷的に描き出してくれている。

慶應ボーイで若手の会社員・三田は大阪支店に転勤になるが、彼は文学青年でもあってどうも組織向きではなく1年で東京に戻されることとなる。その時の光景である。それでも大阪で懇意になった女性たちや慶應時代の学友・田原らと付き合って、彼なりの情緒豊かな大阪生活を送ったのである。前夜からの送別会で皆二日酔いながら大阪駅に見送りに来てくれた。そんな個人的感情とは関係なく工業都市・大阪は煤煙を吐きながら無秩序に発展を続けていた。

　それを三田にもおつさんにも、外の女達にもひとつ宛持たせ、帯の間から栓抜を出して、手際よく瓶の口を取り、みんなのコップになみなみと酌いだ。「いいか、三田公の為めに別れの乾杯だ。さうして万歳を三唱する」部下に命令するやうな態度で田原がいった時、発車の合図の汽笛が高く響いた。送る者と送られる者と、あたりの人の好奇心に輝く視線を残らず身に浴びながら、一斉に乾杯した。「三田公万歳」田原は音頭を取って声を張上げたが、これは流石に誰も応じなかった。「万

**大正時代の大阪**
(出所:国立国会図書館所蔵『大阪府写真帖』)

歳」田原は構はず三度叫んだが、その時汽車は既に人々を後に残して滑り出した。うす汚なく曇った空の下に、無秩序に無反省に無道徳に活動し発展しつつある大阪よ、さらばさらばといふ様に、煙突から煤煙を吐き出しながら、東へ東へと急走した。

（水上滝太郎『大阪の宿』1925 年）

　感情に充ちた個人的な交流と、無情にも流れゆく街の対比がじんとくる。現実は元来エリートで、サラリーマン生活の成功者で実業界でも活躍した水上滝太郎が、本当はこんな情緒的な生活をしたかったなあという半ば矛盾を含みながら大阪への愛着をしみじみと語っているような気がしてならない。

---

**停車場②：プラットホームの高さ**

　パリの終着駅から列車に乗る場合、日本に比べてホームの高さが大分低く、重いスーツケースを持って客車に乗るには一汗かいてしまう。一方、そのお陰で機関車や客車の台車部分がよく見えて鉄道ファンにとってはありがたい。日本でもヨーロッパでもプラットホームの高さにはそれぞれ原則的な規定がある。日本の 1900 年の鉄道建設規定ではホームの高さは 610 ミリとなっていたので、当時は客車の床面よりホームは約 500 ミリ、すなわち 50 センチ程低くこれでは子供や老人はちょっと乗り難かったはずだ。その後 1921 年には客車用が 760 ミリ・電車用が 960 ミリとなり、1927 年の改正では客車用は据え置かれたが電車用は 1100 ミリ、電車・客車両用は 920 ミリとされ、1966 年には電車化の進行でプラットホームの高さ規定は 1,100 ミリと 960 ミリとなった。段々とホームが高くなってきて電車や客車に乗

りやすくなってきたのである。

車両床面高とホーム高の間の段差を解消する手段は、ホームをかさ上げするか、あるいは車両の入口にステップやタラップを付けるしかない。日本では前者のホームのかさ上げ

キングス・クロス駅　ホーム[1]

（撮影：mattbuck）

が地道に行われてきた結果、現在は日本全国ほぼ列車床面とほぼ同じの1,050ミリ程度のホームが多い。だから古い駅のホームを対向ホームから眺めると、たとえば最初の大谷石で造られたホームをコンクリートでかさ上げした痕跡がまるで地層のように見えるのである。

ヨーロッパ主要国の幹線の場合ホーム高は国によってかなり異なり、フランス、ベルギー、ポルトガルなどでは550ミリ、ドイツでは地方で760ミリ、都市部で960ミリ、イギリス、アイルランドでは950ミリが主流である。だから1,100ミリ程度の床面高の車両に乗るにはドアに1段か2段のステップが付けてある。ただ最近になって日本のようにホーム高をかさ上げする気運が出てきて一部工事に着手されている。一方、スイスでは最近高速車両の入口床面高を680ミリと抜本的に下げた車両も登場している。

アメリカのプラットホームについてはほとんど資料がない。ただ写真を見たり自分の体験から、大都市の地下

モンパルナス駅　ホーム[1]

（撮影：Cheng-en Cheng）

鉄や、ニューヨークなど大都市の幹線の終着駅では日本と大差ないようであるが、地方駅はただ地面をコンクリートで固めた程度であるし、かなりの都市の終着駅でもぐんと低いケースが多いようである。

シカゴユニオン駅　ホーム[1]
（撮影：Doe A Deer）

　このプラットホームの高さは実は旅客に対してよりもむしろ貨物に関してはもっと重要で本質的な問題が潜んでいたのである。貨物の積み降しを前提とした「貨車用」についてはホーム床面高の規定がない。ただ規定はなくてもコンテナ貨物用ホームには床面高が貨車床面高に近い高床ホームと地面とほぼ同じの低床ホームに分かれていた。戦前や戦争直後の古い時代の積み降ろしは人力主体で行っていたので貨物ホームは高床ホームが基本で960〜1020ミリの高さがあった。一方「荒荷・散荷」と呼ばれて地面から直接荷役する場合は「地平積卸場」あるいは「低床ホーム」と呼ばれていた。

　戦後トラックが普及してくるとトラックをホームに乗り入れて貨車に横付けして荷役を行うようになった。そうなるとトラックの荷台面と貨車の床面の高さが同じ方が作業がしやすい。そこから引き算をして低床ホームの高さが決まってくる。そして1960年代に入って本格的なコンテナ時代になると、コンテナの貨車とトラックとの積み替えは大型フォークリフトで行うので全く地面と同じ高さが適しており、あえて「ホーム」と呼ぶのはぴんとこないが、この積替えの場をやはりホームと呼んでいる。大きな貨物ターミナルのホームはフォークリフトが自由自在に動き回れるように例えば長さ500メートル、横幅40メートルもあってむしろ「広場」という方が相応しいくらいである。

## 3.5 戦前のステーション・ホテル

### (1) イギリスのステーション・ホテル

イギリスにおける最初のステーションホテルはロンドンのキングス・クロス駅の駅舎の中に設けられた「グレート・ノーザン・ホテル」で1854年に開業した。次にパディントン駅に隣接してグレート・ウェスタン鉄道が建てた「グレート・ウェスタン・ロイヤル・ホテル」がオープンした。ドーバー海峡経由ヨーロッパ行きの国際列車が発着したヴィクトリア駅の駅舎内にもホテルが設けられて有名であった。

しかしその後ホテルは大型化し、最近はIT化しているので、19世紀に建てられたステーションホテルを維持することは大変難しく、廃業や休業となったケースも多い。一方、駅舎内にはスペースが採れないので、駅前、駅近など至近場所に建設されるステーションホテルも増えていった。

### (2) 日本のステーション・ホテル

日本のステーションホテルといえば、まず思い浮かべるのは「東京ステーションホテル」であろう。東京駅開設の1914年以来、ずっと存在してきているが、2012年に東京駅の大復元改修工事とともにリニューアルされたこのホテルは、日本の一流ホテルの仲間入りをして華やかに喧伝された。このように大都市の終着駅の駅舎内すなわち「駅中」に設けられたホテルこそ真の「ステーションホテル」といえるであろう。

しかし近年では、ホテルの必要設備や経済規模からいって駅中

に上質なホテルを維持することはヨーロッパでも日本でも難しくなってきている。さりとて「ステーションホテル」への郷愁や憧れは今でも強いので、最近は終着駅に隣接させたり、至近に設けるようになってきている。「駅中」は希少になり「駅前」や「駅近」になってきたということである。

日本では、東京駅以外の終着駅の駅舎はヨーロッパの終着駅の駅舎に比べて建屋の規模も小さく、最初から駅中にステーションホテルを収容できなかった。日本ではかなり大きく見える戦前の大阪駅にも名古屋駅にも駅中ホテルは設けるスペースはなく、いわんや、上野駅、新宿駅、両国駅などでは一見して無理であった。ただ駅中とはいかなかったが、戦前でも駅前や駅近に設けられたステーションホテルが3つあった。

1つ目が下関の「山陽ホテル」で、山陽鉄道が悲願の神戸〜下関全線開通を成した1901年に駅近に開業した。山陽鉄道だけでなく関釜連絡船発着港にも至近で、いわば大陸への交通路の要衝に位置していた。特に大陸との往来が激しくなったのは1935年以降で、山陽ホテルには新聞記者の詰め所、今でいう記者クラブが設置され、どんな高官が大陸と行き来したかを見張り、記者たちは、し烈な取材合戦をくり広げた。初代の木造2階建ては1922年漏電から火が出て焼失、1924年にコンクリートの3階建てに再建されたが1942年に休業してしまった。

2つ目が「京都ステーシ

**初代山陽ホテル** (出所:『日本国有鉄道百年写真史』)

ョンホテル」で、かつて京都駅北側に隣接していた。1928年にこれが開業すると、京都ホテル、都ホテルと並ぶホテルとなった。客室数は75と戦前の東京ステーションホテルと同規模であった。ただしこれは鉄道省直営ではなく民間資本であったので昭和初期には鉄道省直営のホテル建設も計画されたが立ち消えとなった。

　3つ目が「奈良ホテル」である。日露戦争直後の1906年に関西鉄道が建設所有し、奈良市、西村仁兵衛（都ホテルの創始者）との連携でオープンしたが、1907年の幹線国有化により、所有者は鉄道院となり、鉄道省、運輸省と引き継がれた。戦前はアインシュタインやリンドバーグ、戦後もインディラ・ガンディー、鄧小平らが宿泊している。外観や立地からはステーションホテルと認識し難い「奈良ホテル」が所有関係では正しく鉄道側の所有であり、宿泊者を見れば日本最高のステーションホテルだったのである。しかし戦後になって国鉄は都ホテルに経営権を譲ってしまった。

　最後に、結局構想だけに終わってしまったが、1940年の東京オリンピック誘致計画に連動して、3代目大阪駅の建物内に227室の大ステーションホテルを設置する構想があった。東京ステーションホテルの客室数は増えても150室なので、実現すれば日本最大のステーションホテルになっていたはずなのだ。前傾27ページの写真を見て頂くと駅建屋の中央部分は5階建てなの

**京都ステーション・ホテル**[1]
（出所：『大京都志』野中凡童，1932年）

に左右両翼が3階で終わっていることが分かる。実はこの両翼も含め建物すべてを5階建てにしてホテルが設置されるはずだったが、戦雲とともに雲散霧消してしまった。

むしろ鉄道文化史として回顧すべきは南満州鉄道（満鉄）が直営した「ヤマトホテル」であろう。1907年から1945年まで満鉄線沿線の主要都市に建てられたホテル網で、大連、星が浦、旅順、奉天、長春、撫順、五龍背などに展開していた。

何事につけ気宇壮大だった初代満鉄総裁・後藤新平は、シベリア鉄道経由ヨーロッパに到る「欧亜連絡鉄道」システムを提唱し1912年には実現させた人物である。そのため西洋人が快適に滞在でき、満鉄の事業多角化の一環ともなる高級ホテルを造ったのである。サイズ的には中規模であったが質的にはヨーロッパのホテルに匹敵する外観や内容を誇っていた。いずれも駅中ではないが、駅近で鉄道会社直営であったことからも十分「ステーションホテル」という名に値しよう。

最後は「東京ステーションホテル」で、その出現・戦災復興・改修仕上げについて見ておく。東京駅は辰野金吾の設計で、1914年に開業したが、ホテル設置の是非をめぐって議論があったことから工事が遅れ、翌1915年の開業となった。

当初、築地・精養軒に経営が委託されたが、1923

**大連ヤマトホテル**（出所：国立国会図書館所蔵『観光地と洋式ホテル』鉄道省）

年の関東大震災では、数々のホテルが倒壊・焼失するなかで、多くの避難者を受け入れた美談がある。しかし皮肉にもその大震災で精養軒の経営がぐらつき、鉄道省自らの経営となった。

東京ステーションホテル[1]
(出所：『寫眞』大正四年一月通信號)

戦後は日本ホテルが運営している。

　2006年、東京駅全体の復活改修工事が始まるとともに営業を一旦休止、工事が終了した2012年に新たに見事によみがえった。

　営業を再開した東京ステーションホテルは、休館前に58室だった客室が150室と増え、改装された丸の内駅舎43,000m$^2$のうちホテルは約半分を占めた。3階部分を中心に1階、2階、4階の一部に及んでいる。面積の増大だけでなくラグジュアリー・ホテルを目指して大いに質の向上を図り、料金の向上にもつながった。ちなみにロイヤルスイートは173m$^2$あって一泊808,500円、パレスサイド側の部屋は30,000円〜76,000円ほどとなっており、2016年にはアメリカの経済紙フォーブスが発表するトラベルガイドで4つ星を獲得している。

　このホテルは、幾多の文豪にも愛され、江戸川乱歩の「怪人二十面相」では、客室が舞台になり、川端康成の「女であること」、松本清張の推理小説「点と線」のトリックもこのホテルに投宿して生まれている。その他、森瑤子の「ホテル・ストーリー」や夏樹静子の「東京駅で消えた」などの舞台にもなった。

## 3.6 終着駅の建替え

鉄道の歴史が浅い日本の大都市の終着駅でも、初代の建屋はほとんど19世紀に建てられているので、日本より鉄道の歴史が40年も古いロンドンやニューヨークの終着駅はもっと古い。ただし、その初代駅が建てられた後、駅舎が建替えられているケースと基本的にそのまま現在に至っているケースもある。

ここでロンドン、ニューヨーク、日本の主要都市の主要終着駅の建屋が何回建替えられているか、次のような一覧表を作ってみた（表3.2）。

どの駅も交通量の増加、列車の発着数の増加があるので、ホームの面数が増えているが、コンコースやチケット売場のある駅舎

表3.2　主要終着駅の建て替え

| 都　市 | 駅　名 | 年代（年） | | | |
|---|---|---|---|---|---|
| | | 初代 | 二代 | 三代 | 四代 |
| ロンドン | ユーストン | 1837 | 1968 | | |
| | キングス・クロス | 1852 | | | |
| | パディントン | 1854 | | | |
| | ヴィクトリア | 1860 | | | |
| | セント・パンクラス | 1868 | | | |
| | リバプール・ストリート | 1874 | | | |
| ニューヨーク | グランド・セントラル | 1871 | 1900 | 1913 | |
| | ペンシルベニア | 1910 | 1964 | | |
| 東　　京 | 新　　橋 | 1872 | 1914 | | |
| | 東　　京 | 1914 | | | |
| | 上　　野 | 1885 | 1932 | | |
| | 万世橋 | 1912 | | | |
| | 両　　国 | 1904 | 1929 | | |
| 横　　浜 | 横　　浜 | 1872 | 1915 | 1928 | 2019 |
| 名古屋 | 名古屋 | 1886 | 1892 | 1937 | 1999 |
| 京　　都 | 京　　都 | 1877 | 1914 | 1952 | 1997 |
| 大　　阪 | 大　　阪 | 1874 | 1901 | 1940 | 2008 |

の建屋がどう変遷したかをまとめたものである。

　表をみて、まず気がつくことは、ロンドンの終着駅の建屋はほとんど最初に建てられたものがそのまま保たれていることである。いま目に映る豪華壮大なロンドンの終着駅の駅舎は19世紀の中頃に建てられたままの佇まいなのである。驚くばかりであるが、当時世界一の大国であったイギリスの経済力や技術力やあるいは国威発揚の意気を感じざるを得ない。開業後、ずっとそのまま使い続けられるだけの立派な建屋であったからでもあろう。

　なお最古のユーストン駅だけは老朽化のため1968年に近代化という名目で何の変哲もない建屋に建て替えられてしまったがこれは文化遺産保存の見地から今は猛反省の対象になっている。

　ニューヨークの終着駅を見るとグランド・セントラル駅は十分古いが、乗り入れの地上線を地下化した時に2代目ができ、さらに程なく3代目ができている。

　残された写真を見るとどれも十分立派な建屋で、まさに新帝国の余力を見せつけられる感じである。一方ペンシルバニア駅の開業が遅いのは、ハドソン河の対岸間まで来ていた終着駅を、河底トンネルを掘ってマンハッタン地下ホームに乗り入れるのに時間を喰ったためである。その1910年に建てられた初代駅舎は十分立派であったのに、1964年に何の変哲もないマディソン・スクエア・ビルに建て替えられてしまったことは今やロンドンの

**初代のグランド・セントラル駅**[1]

無機質なユーストン駅[1]　　　　　マディソン・スクエア[1]
　撮影：Starflyer　　　　　　　　　　帰属：Ajay Suresh

ユーストン駅同様、反省材料になっている。

　改めて日本の主要終着駅の駅舎を見ると、実に頻繁に建て替えられている。まずは19世紀から20世紀初頭に建てられた駅舎は赤レンガか木造の二階建て程度の佇まいであったので、その後の鉄道の発展に付いていけなくなったからである。万世橋駅は立派であったが立地的に一代限りで終焉してしまった。上野駅と両国駅の2代目駅舎は1930年前後のビル、多少アール・デコのかおりがあるとはいえるが、変哲の乏しい建物に代っている。東京駅は戦災の傷跡を2008年〜2014年に大改修したわけであるが、基本的に初代の駅舎の佇まいを今でも保っているといえるであろう。

　それに引き換え横浜駅、名古屋駅、京都駅、大阪駅の駅舎はよくも頻繁に建て替えられている。各々の事情や経緯は異なるが、初代が赤レンガ建て、2代目が石造り、3代目があまり変哲のないコンクリート建て、4代目が現代風高層ビルといった大きな流れは共通している。したがって日本の終着駅に近代文化遺産を求めるならそれはまさに唯一東京駅しかないのが残念である。

# 第 4 章　終着駅と等級制

## 4.1　待合室は等級制

　日本の各地域の公共の場として、誰でも入れる場所は昔から神社・仏閣、商店街、市場などがあったが、そこに集まるのは、通常はごく周辺の限られた人たちであった。縁日や大礼、祭りにはもっと広域的に多くの人たちが集まったが、それは特定期間だけのことであった。

　ところが大都市の鉄道の終着駅は、年中多くの人々が出入りする新しい場所となった。列車での乗車客、降車客、彼らを見送る人、出迎える人はもちろん、それ以外の人たちも自由に出入りできた。次の永井荷風の文章はまさにそれを証明しているが、これは当時ではごく限られた知識階層の駅への出入りであった。

　　停車場内の待合室は、最も自由で最も居心地よく、聊かの気兼ねもいらない無類上等な Café である。── 這入りたい時に勝手に這入って、出たい時には勝手に出られる。自分は ── なりたけ読み易い本を手にして、この待合所の大きな皮張の椅子に腰をかけるのであった。冬には暖い火が焚いてある。夜は明い灯火が輝いている。そしてこの広い一室の中には有らゆる階級の男女が、時としては其の波乱ある生涯の一端を傍観させてくれる事すらある。── 新橋の待合所にぼんやり腰をかけて、急しさうな下駄の響と鋭い汽笛の声を聞い

ていると、居ながらにして旅に出たやうな、自由な淋しい好い心持がする。── 自分は動いている生活の物音の中に、淋しい心持を漂はせるため、停車場の待合室に腰をかける機会の多い事を望んでいる。何の為に茲に来るのかと駅夫に訊問された時の用意にと自分は見送りの入場券か品川行の切符を無益に買ひ込む事を辞さないのである。

（永井荷風『銀座』）

このような高尚な文化人が趣味で駅に出入りするのは大いに歓迎であるが、歓迎すべからざる人の出入りも多かった。なかにはそこに常駐してくる連中もいて、大都市の終着駅はとかく犯罪の温床にもなった。

駅のコンコースは24時間誰でも入れる大きなオープンスペースで、雨風や除け、寒暖を和らげる場所なので、ホームレスや風来者や麻薬売人や掏摸などもたむろし、とかく犯罪も数多発生する。そして時には殺人なども起きていた。日本ではそれほどではなかったが、海外では深刻であった。

ここで大事なことは、永井の入った待合室は一等・二等客専用の待合室で、三等客は入れない空間であった。誰でもやたらと無秩序に入れないように仕分けされていたのである。戦前の終着駅の待合室は、等級別に分かれていたといえ、はっきり区分されていたわけではなく、地方都市の終着駅では一・二等待合室のみ区分され、三等客は切符売場や改札口のある中央の空間で待つだけであった。一方で、大都市の終着駅では一等待合室と二等待合室が分かれ、東京駅にはさらに貴賓室と国賓室があった。

海外でも待合室は一等客、二等客、三等客と仕分けするのが基本であったが、場合によっては人種によっても仕分けをしていた。イギリスの鉄道は三等級制から出発し、他のヨーロッパ諸国もこれを見習っ

東京駅一等待合室（出所：国立国会図書館所蔵『東京市街高架鉄道建築概要』）

た。なおロンドンのユーストン駅やナポリ駅などは、駅舎への入口や改札口も三等級に分かれていた。

　今でこそ新幹線に乗るには数分前にその出発ホームに駆けつければ事が済むし、多少早く着いてもホーム上を徘徊したり、ホーム上に設けられたガラス張りの小型待合室に入るだけである。これに引き換え、以前、乗客は相当前広に終着駅に行ったのだから、長い待ち時間に三等客は大変だった。

　　彼を東京駅の三等待合室に座らせるには、少しばかりの説明
　　が必要だった。一ことで云へば、彼女が彼と待ち合はせる場
　　所として、そこを選んだのであった。彼女にしたところで、
　　汽車の三等とは縁のない暮しをしている女ではないかと、彼
　　は反対した。「一二等なら婦人待合室だってありますしね。
　　三等の方だと目に立って困りますよ」「私が？――私がそん
　　なに目に立つ女でせうか」それだけで彼は彼女のつつましや
　　かさを素直に受け取った。しかし彼女と約束してさえ、東京
　　駅へ来てみると、彼は真っ直ぐには三等待合室へ入って行け

ぬ男だった。

　—あなたは私を二等の汽車に乗る女だと思っていらっしゃいます。でもそれはあなたのせいではなく、私がそう見せることに日頃から苦労をしているのでございますわね。昨日はうっかり三等待合室と申し上げて、化けの皮を現わしてしまいましたわ。そして家で考え込んでしまいましたわ。私を二等の汽車に乗る女だと思っていらっしゃるお方は、もう厭でございますわ。

　東京駅で待ちくたびれて帰ると、彼女からこんな手紙が来ていた。

（川端康成『三等待合室』）

　彼と彼女は東京駅の三等待合室で待ち合わせる約束をした。彼には彼女は二等以上の列車に乗る種族に違いないと思えたので、彼は最初、一、二等待合室を主張したが、彼女に妥協して三等待合室になった。しかしとうとう彼女は現れず、待ちくたびれて帰宅すると彼女からの手紙が届いていたのである。この背景の解釈はいろいろ分かれるであろうが、鉄道の等級制と階級制がはっきりと結び付いていた時代が改めて彷彿させられる。

　身分からいえば当然、一・二等待合室で待ち合わせるべき男女が三等待合室で待ち合わせる約束をしてしまった成り行きと戸惑いが書かれているのである。ごく大きな終着駅には皇族と国賓接待用に「貴賓室」が設けられていたことは2代目大阪駅の駅舎平面図を見るとよく分かる。

## 4.2 等級制の変遷

### (1) 外国の等級制

　等級別の待合室に入ると、そのまま等級別の客車に乗車したのは当然であり、そこには等級別の待遇や環境や雰囲気があった。鉄道最先進国のイギリスでは最初三等級制から出発したが19世紀も後半になってくると状況が変わってきた。

　ミッドランド鉄道は1874年に二等を廃止して一等と三等の二等級制に移行し、同時に一等料金を従来の二等料金のレベルへと大幅に引き下げた。他の鉄道会社はこれに抵抗はあったが、競争上不本意ながらこれに倣って二等級制に移行していった。最も粘ったグレート・ウエスタン鉄道も1910年になってやっと二等級制に移行したので、イギリス全体での二等級制への移行は鉄道会社によって36年の時間差があったのである。こうして、20世紀初頭にはすべて二等級制に移行したのである。

　こうした流れに関してさかのぼれば、当時のイギリスの首相グラッドストンが、大衆の福祉を重視して、冷遇されていた三等車の待遇を改善するように1844年以来何度か出された政令の影響が大きい。貨車のように屋根もろくについていない三等車に屋根を付けさせ、ほとんどの列車に三等車を連結させ、さらに室内も改善されていった。政策の力も大きかったが、経済の発展でイギリス国民、ひいては鉄道旅客の懐が全般的に底上げされて豊かになり、中産階級が増えてきた背景も重要である。その結果、イギリスのおける全旅客の各等級への乗車比率は表4.1のように大きく変動した。

**表 4.1　イギリスの各等級への乗車比率の変化**

| 年代（年） | 一等客（%） | 二等客（%） | 三等客（%） |
|---|---|---|---|
| 1845 | 41 | 42 | 17 |
| 1860 | 11 | 28 | 61 |
| 1900 | 3 | 6 | 91 |
| 1922 | 2 | 0 | 98 |

**19 世紀のイギリスの一等待合室（左）と二等待合室（右）**
(彫刻家：Edmond Ramus（左），画家：Lafevre J. Cranstone.（右））

　この 77 年の間に、二等車はなくなり、三等車の設備や待遇もぐんと改善された。上流階級のみが一等車を使い続けたのであるが、その比率は激減している。イギリスの政治、経済、産業がまことに順調に廻っていた時代のことであった。

　ヨーロッパ大陸の鉄道では、最初は一等から四等までの四等級制から出発したのだが、フランスでは 19 世紀の後半まで、ドイツでは何と 1920 年代まで四等車が存在していた。やがて三等級制になり、さらに二等級制になるのは、ずっと下がって 1956 年のことである。

　一方、アメリカは民主・平等主義の下に、人の階級も客車の等級も設けないという建前だったので、1830 年の鉄道開業当初から客車はモノクラスから出発している。

第 4 章　終着駅と等級制　*83*

　しかし、1867 年にプルマン社が豪華寝台車を投入し、その寝台車も複雑多義に発展してくると、プルマンの寝台料金は 5 段階にも区分されてきた。その結果、アメリカこそ実質的に最も多等級制の国になったのである。

　一方、社会主義を標榜したソ連では、一等、二等といった等級用語は即階級用語としてタブー視されたので、「軟席車」、「硬席車」と呼んでいた。それはグリーン車と普通車の区別に他ならなかった。おまけにシベリア鉄道にはかつて、その上の豪華寝台車を「インターナショナル」と称して連結したので、実質三等級制であった。「インターナショナル」とは原則外国人専用で外貨を稼ぐのだから、社会主義に矛盾しないという論法なのであろう。

　このような鉄道の等級制はその後どのように変遷したであろうか。第一次世界大戦後に再建されたウォータールー駅のトイレでは女性についてのみ一等客用と三等客用は分かれていたが、男性用トイレは等級に関係なく一本化された。

　ところが、アジアやアフリカ諸国ではイギリスやヨーロッパ諸国のような変革は起きなかった。特にインドではカースト制度があるうえ、ヒンズー教徒と回教徒、ベジタリアンなどが複雑に混み入っているので、現在でも五等級制であり、全員一緒の待合室などは到底及びがつかない。アフリカでは三等、はては四等までの等級制があって、三等客や四等客用の待合室など駅舎内からオミットされて、屋外で待たなければならなかった。

　一・二等客用と三・四等客用とにプラットホームを分けるケースもあった。アジアやアフリカの庶民はむしろ大勢で旅することを好んだし、上等客の衛生のためにもこのような仕分けは不可欠

であった。また革命前のロシアでは一等車、二等車、三等車の車体の色を違えていた。

当時の大仰な旅行においては、金持ちは必ず召使や部下を伴って多くの手荷物を携帯させ、切符の購入や荷物の手続をさせたので、召使や部下の乗車する車両や待合室の等級まで整理して置く必要があったのである。

大英帝国に属す国々ではイギリス人優先のためのシステムがあったが、戦後は変わっていった。また、大英帝国の衰退に伴って鉄道の等級制や終着駅でのレイアウトなども変わっていった。カーストごとの仕分けはガンジーの先導によっても鉄道の待合室や車両においては随分緩和されていった。

戦前のアメリカでは待合室も客車もはっきりと白人用と黒人用とに区別していた。大都市の終着駅ではヨーロッパからの移民が隆盛な頃は、概して貧しく不衛生な移民のスペースを別にし、レストランは民族ごとに食事を変えスペースも仕分けしていた。

シベリア鉄道が開通するとさっそく日露戦争用の兵士や軍事物資を極東に送り込むことになり、多くの移民や囚人がヨーロッパ・ロシアから送り込まれた。これら貧しい兵士や移民の輸送のために客車は一等車から何と四等車、五等車まで分かれていたし、極東の都市の駅舎には大量の人々が寝泊まりするキャンプのような粗末な建屋が隣接されていた。

## (2) 日本の等級制

日本では1872年の新橋～横浜間の開業時はイギリスに倣って三等級制から出発した。その時使われた客車はイギリスから輸入

した2軸単車(小さい車体をボギー台車でなく2軸で支える構造)で皆共通サイズながら、上等は18人、中等24人、下等36人の定員であった辺りに三等級制の塩梅が見てとれる。

そんな辺りを具体的に説明してくれている文章が見つかった。

> 自分が初めて京浜間の蒸汽車に乗ったのは明治十一年であるが、開業以来未だ何等の改正もなかった様であった。其頃の中等車は今日の東京の小形市電の型であって、左右の腰掛には小幅の畳をはめ定員は二十四人位、上等車は中央に通路を存して三室に分ち各室六人の羅紗【ラシャ】張の座席あり、上中等車共昇降は自由であったが、下等車は、定員約四十八人、今日の隅田川汽船の座席に似て、木製に過ぎなかったのみでなく車室両側に二箇所宛の出入口を設け発着の際駅員が片側二個所の戸を外より鍵を以て、開閉したものであった。当時の下等乗客に対しては危険防止上必要であったと信ずる。上等と下等の設備に著しき懸隔のあった事は特に注目に値する。
>
> (桜田助作「吾国初期の鉄道」『旅』1936年2月号)

「下等」はスペースの窮屈な事、椅子の粗末な事だけでなく、自分たちで勝手に乗り降りできない束縛感もあったはずで、イギリス同様、かなり冷遇されていたのである。

ところが「下等」という呼称に抵抗感がある、とクレームが多く寄せられたので、1897年にそれぞれ一等、二等、三等に変わったのである。日本でも大衆の所得が向上したため三等車の利用

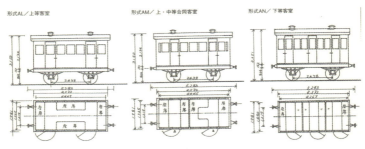

**日本の鉄道開業時の客車** (出所:『日本国有鉄道百年写真史』)

客は増大していくのに反比例して、一・二等客の相対的比率はしだいに減っていった。しかし制度としての三等級制はずっと続き1960年にようやく一等車と二等車だけの二等級制に移行し、1969年に呼称がグリーン車と普通車になった。

ただし、前述したように新型の一部の新幹線車両では通常のグリーン車以上の豪華でゆったりと座れる高額な「グラン・クラス」ができたので、日本はむしろ実質三等級制に戻りつつあるとも理解される。グランクラスは広い新幹線の室内幅の中で普通車は1列5席（通路を挟んで3席・2席）、グリーン車は1列4席（通路を挟んで2席・2席）に対して1列3席（通路を挟んで2席・1席）とゆったりし、シートも豪華で背もたれ角度も大きい。それに料理、軽飲食などアテンダントがサービスしてくれる。さらに終着駅の東京駅では特別待合室「ビューゴールドラウンジ」も使うことができる。なお関西鉄道で1896年に上等、中等、下等車に各々白帯、青帯、赤帯を窓下に塗装したのが、識別に便利と好評であったため、官鉄でも翌1897年に同じような塗装を施し結局1940年まで存続した。

さて、等級制がもろに反映されるのは乗車する客車の設備、スペース、快適性である。具体的に等級間にどのような差があったか、日本の客車で見てみよう。これも時代によってか

**グランクラスの車内**

なり変動があって異なってくるが、大正年代の一等車・二等車・三等車の室内写真で比較対比をしたい。三等車は中央通路を挟み左右二人ずつ掛けるクロス・シートで現在の普通車と基本的に同じであるが、二等車、一等車は中央通路の両側共ロング・シートで一、二等は肘掛の有無などで差別化している。客車は元来クロス・シートの方が落ち着くのでそうしたかったのであるが、当時の客車の横幅が 2.2 メートル程度と狭く、クロス・シートにした場合、一二等車に必要なゆったりしたスペースがとれなかったからである。

## 4.3 列車等級と社会階級

日本もイギリスと同じように三等客の比率が増していった。20世紀に入る頃には一・二等客車を減らし三等客車を増やすべしとの論調が強くなっていった。一・二等客車はいつもがら空きなのに三等客車は混んでいる。鉄道収益に対する貢献度から見ればまさにインバランスである。ごく少数の一・二等客のために特別の車両、・特別の待合室、ボーイの乗務、暖房の設置などを行っているのは一般の血税を以て上等客に寄付しているようなものであ

る。だから一・二等車を外せば国鉄の収益性は上がるし、牽引力ぎりぎりで走っている列車には、代わりに三等車を繋げば混雑緩和にも寄与するという論調である。等級論議は折に触れ新聞紙上を賑わせたものであり、1905年5月には報知新聞の一・二等車擁護論に対して朝日新聞は三等車礼賛、二等客への批難、一等車廃止論などの記事を載せていた。

　それでは国民の列車等級観や微妙な心理はどんなものであったろうか。国民が最も乗りたかったのは二等車で、大方は二等客というグループに帰属したかったのではなかろうか。大金持や権力者ではないかも知れないが、自分の身分に一応形がつき世の中でも程々認められた証が二等客になることであった。それでいて無暗に一等車に乗るようなやたらな贅沢をしないスタンスは却って知的である感じがする。そんなメンタリティーの象徴が、藤沢以西に住む湘南住人が作る「藤西会」であった。


　　小田原駅、朝七時二十八分発の上り列車だ。気持ちよくスチームでぬくもった二等車の中ほどに中年の紳士が一人、そこへ大磯からサラリーマンらしい二人連れが乗り込んで中年紳士の前に腰を下ろす。「ご勉強ですね」「樺山さんは今日は次の列車だそうです」親しげな会話が始まる。—— 聞き覚えのある声だと思ったら議会の進行係・作田代議士（民政党）だ。記者に向かって「今日は僕らのクラブカーですか。　なに僕らは藤西会と云ってね、藤沢以西から東京へ通っている者同士で『列車クラブ』を作っているのさ」——　作田代議士は一々隣席の人々を紹介してくれる。　クラブ列車！毎日ニュ

ーヨークへ出る出勤者のため鉄道会社は特別列車を連結する。お茶も出る、カードもできる、新聞・雑誌も用意してある。それはアメリカ近代相の一つだと思っていたら、この藤西会がその会員で殆ど二等車を独占し東京に乗り込むのだから豪勢なものだ。作田さんの話によるとクラブ・メンバーは樺山伯、鈴木梅太郎、鈴木英雄、馬越恭平、菊本吉次、後藤武雄氏と云った学者、実業家、医者、官吏、会社員始めあらゆる職業人の顔触れで —— 一日の都会生活から解放されて、会員は又同じ顔触れで東京発のその日の夜行列車で帰途に着く。

(東京朝日新聞・1931 年 2 月 24 日)


　顔触れを見るとむしろ長距離列車なら一等客クラスの人もぞろぞろいるが、東海道線のこういう区間列車には一等車は連結されていない。彼らとて通勤にはそんな贅沢を望まず、二等で十分満足しているところを見せたかっただろうし、やっとこの二等客になれた人は一等客レベルの人と同じ客車の同じ空気を吸える心理的昂揚を覚えたのであろう。それにしても 1931 年時点の藤沢以西とは相当遠い感覚になるが、鎌倉、逗子、葉山にも「藤西会」的人種は戦前から多く住み、戦後はずっと増大している。今でも湘南電車や横須賀線のグリーン車で東京に通う人はお互いに顔見知りも多く、座る場所までおおよそ固定してくるようである。藤西会にせよ現代のグリーン車にせよ、乗客同士の話は弾み、仕事上の根回しから終末のゴルフの約束、はては息子・娘の縁談の打診まで大勢の人たちの悲喜こもごもや運命に影響してきたようで

**大正時代の一等車、二等車の内部**

(出所:国立国会図書館所蔵『日本鉄道史 下篇』)

ある。

　一方、小説を読むと、そこに出てくる主人公やその仲間たちが何等車に乗っていたかをチェックするのもなかなか興味深いものである。代表的なものを一覧表にしてつらつら眺めてもみた。

　一般的に小説は自分の体験をベースに書かれることが多く、特に日本の小説は登場人物の名前こそ変えているが、とかく自分を主役として生活体験をモデルにする「私小説」が極めて多かった。田山花袋の『蒲団』や志賀直哉の『暗夜行路』などが代表例である。だから小説中の登場人物が列車に乗る場合、どうしても作家自身ないし作家をとりまく友人・知人の階層を反映させて三等級の客車の中からどれかを意識的、無意識的に選んで乗っている。その意味では若かった頃、未だ売れなかった頃の作家自身を反映させた小説では自分も友人も自ずと三等車の乗客として登場する。

　ところが、作家が歳を重ね、名も成してくると自分も仲間も二等客に上昇してくる。さらに大家になれば自分で一等車を使ったり、招待旅行で一等車に乗せて貰ったりするようになる。そのよ

うななか、おおよその作家連中は自分が二等車に乗る身分に辿り着くと、ようやく念願が叶ったと一安心するようである。またひとつの小説の中で登場人物の身分の違いによって別の等級の客車に乗せているケースもある。浪さんへの同情で日本中を泣かせたといわれる『不如帰』においては京都から東京に帰る浪さん父娘はお手伝いさんを連れて一等車に乗り、台湾出征のため東京から広島に向かう海軍少尉の夫・武男は二等車に乗り、偶々山科駅で摺れ違う。そして二人は「まっあなた！」「おっ浪さん！」と叫ぶが無情にも上下列車は離れて行く。

## 4.4　レッドカーペット・トリートメント

### (1) 外国の豪華列車

　列車や終着駅の等級制の中で通常の一等以上の豪華で特別の扱いを「レッドカーペット・トリートメント」と称することにしたい。日本でも「赤じゅうたんを敷いて迎える」という感覚はもう十分通用するであろう。

　鉄道において「一等以上の待遇」といってすぐ浮かぶのは「プルマン」と「ワゴン・リ」である。「プルマン」はアメリカで1867年にジョージ・プルマンによって創設された豪華寝台列車の所有運営会社であり、「ワゴン・リ」はそれを真似てヨーロッパで1872年にナゲル・

**プルマン客車の内部**[1]

マッケールによって設立されている。「プルマン」の運営する「20世紀特急」（ニューヨーク～シカゴ間）、「ワゴン・リ」の運営する「オリエント急行」（パリ～イスタンブール間）、「青列車」（パリ～ニース間）などが特に有名である。

プルマン社は、1867年～1968年の間ほぼ一世紀間存続し、最盛期の1920年代末には約10,000両の豪華客車、10,000名以上のポーター、アテンダント、メイドを抱えていた。寝台車は、金を倹約せず、大きくゆったりと堅固に造られ、内部はビロードのカーテンや、立派な布張りのアームチェア、それは夜にはベッドにもなるもので、一方窓上の壁から天井にかけて収納されている上段のベッドが引き出せる構造になっていた。そこに、もちろんシーツ、枕、毛布、洗面用の湯、暖房なども備わっていた。車両ごとにアテンダーとポーターが乗務して、乗客の荷物の持ち運び、ベッド・メイキング、飲み物の注文を聞き、就寝中も警備を行っていた。

その分の追加料金はチャージされたが、その金額は利用者からはリーズナブルと納得されていた。寝台車に続いて食堂車も豪華なだけでなく料理の味もよく、オープンの時間には白い服で身を固めたウェイターたちが直立不動に並んで客を迎え入れた。これが評判となって、アメリカでの長距離列車にはしだいにプルマンの寝台車と食堂車が連結されるようになっていった。

**オリエント急行の出発風景**
(出所:「Luxury Trains」)

一方「ワゴン・リ」は「ヨーロッパのプルマン」を目指したが、保守的なヨーロッパではプルマン式のベッドと廊下をカーテンで仕切るだけの開放型レイアウトは受け入れられずで、最初から個室式寝台車を採用した。プルマン同様数台の寝台車と食堂車を以て始まったが、地元のベルギーの他ドイツ、オーストリア、フランス、イギリスなどに運行を広げて行った。

最盛時の1939年には1,700両以上の豪華客車を擁して24か国に跨って豪華列車が運行された。「オリエント急行」や「青列車」の乗客は食堂車で夕食を終えると隣のラウンジカーに行ってピアノの奏でるBGMを聴きながらカクテルに酔いしれる至福の世界が楽しめた。

こういう豪華列車の走行ルートはロンドン～パリ間、パリ～イスタンブール間、ニューヨーク～シカゴ間など大都市の終着駅を結び、しかも途中停車駅も大都市が多い。すなわち「レッドカーペット・トリートメント」は特に終着駅との関係が深いのである。

### (2) 日本の豪華列車

さて日本には戦前はもとより、戦後も長らく豪華列車といえる列車はなかったが、2013年にJR九州が電撃的にデビューさせた「ななつ星」、2017年にはJR東日本の「四季島」、きびすを接してJR西日本からは「瑞風」と三列車が出揃った。

「20世紀特急」「オリエント急行」「青列車」などは豪華定期列車であるのに対して、これらJRの豪華列車は豪華クルーズ列車であるところがまったく異なる。今のところ、その人気、予約の難しさ、高額料金など一挙に世界最高クラスに躍り出た。筆者も

よくこんな市場がよくあったものだと改めて驚いている。各々「高級木材を使った日本風」、「超モダン風」、「アール・デコ風」を基調にしているが、本書では列車の詳細は敢えて省略させて頂き、始発駅や終着駅においてどんな「レッドカーペット・トリートメント」が演出されているか少し覗いてみよう。

「四季島」に乗車する場合には、まず上野駅にあるゲスト専用ラウンジ「プロローグ四季島」に案内され、茶菓が供される。乗客全員が揃うと乗車ホーム13番線に行き「四季島」の入線を出迎える。列車が静かに止まると写真撮影タイムとなり乗客全員が一生懸命映像に収める。

「ななつ星」や「瑞風」の始発駅である博多駅、大阪駅、京都駅の乗車ホームには一般の人も行くことができるが、「四季島」の乗車ホームには乗客、見送り人、そして過去に「四季島」の乗車経験のある人に限定されているのである。列車を背景に全員の写真撮影が終わると一旦「プロローグ四季島」に戻り、そこで乗員全員が名前だけでなく各自の担当や得意なことなどを自己紹介する。これで例えばワインのことなら誰に聞けばよいかも分かる。

いよいよ列車に乗車すると、バイオリンとピアノの生演奏でゲストを迎えてくれる。列車が発車してホームの半ばにさしかかる

**JR九州の「ななつ星」とJR西日本の「瑞風」**

**JR 東日本の「四季島」と案内パンフレット**

と、何と 60 人以上の駅員が手を振って見送りをしてくれる。ホームの先端では駅長をはじめ、数人が発車ベルを「カラン！カラン！」と鳴らしている。予想もしなかった見送りの演出に乗客も応えて遠ざかるホームを見えなくなるまで手を振ることになる。

　途中の停車駅にも「いっていらっしゃい」という横断幕が掲げられ、ましてや途中の下車駅では駅員はもとより地元の観光関係者やマスコットなどからも出迎えを受ける。

　各地の景色、グルメを堪能し、音楽の好きな人はむしろ夜遅くまでやっているバー・ラウンジでカクテルを傾ける、などきめ細かく刻み込まれた濃密な想い出を胸に一泊二日の旅も終わりに近づく。列車は上野駅に到着すると、そこで即解散ではない。再び「プロローグ四季島」に案内されて二日間の旅の断片を収録したスライド・ショーが催される。そしてトレイン・クルーたちと、また今回乗車して知り合った仲間との名残を惜しむのである。

## 4.5　終着駅の舞台裏

　このような豪華な世界を演出するのは、あたかも多くの豪華な小型ホテルを抱えているようなもので、その舞台裏こそ乗客の見

えぬところで大変であった。「プルマン」社に例をとると、まず
ポーターもウェイターも車掌も一定期間厳しい訓練を受け、それ
が済んで実務に入る。1人のポーターは通常 15 〜 20 人の乗客を
受け持ち、1人の車掌は通常寝台車2両分を担当し、プルマン特
別料金チケットの検札や乗客の乗り換え、その他の相談に応じる。
したがって彼の管轄対象は約 150 人の乗客と 12 人以上のポータ
ーらになる。これら従業員の給与水準を見ると、車掌をトップと
して序列と賃金体系と人種の振り分けがあった。概して白人の車
掌の下に黒人やフィリピン人のポーター、イタリー系やカリブ系
のシェフ・ウェイターなど列車単位でチームを組んでいた。

　そしてプルマン社の乗務員約 13,000 名に対して約 9,000 名の地
上職員も居て、車両の清掃、修理補修、シーツなどのクリーニン
グなどを行う労働者と、種々のチケット、列車時刻編成、配車、
会計、人事、レポート作成などに携わる事務員も必要で、今日の
ように IT 化されていなかったので、いかに膨大な事務であった
が容易に想像できよう。

　話が豪華列車やクルーズ列車のレッドカーペット・トリートメ
ントにまで行ってしまったので、その舞台裏まで大袈裟になって
しまったが、日本に走っているどんな列車でも車庫に入ってから
や終着駅のホームに停車しながらの折り返し時には必ず広い意味
での清掃作業がある。この鉄道車内清掃作業はネットで見ると、
数多求人広告が見つかる。JR 各社や民鉄会社が直接募集するの
ではなく、メインテナンスのための子会社が運営している。JR
西日本では「関西新幹線サービック」、JR 東海では「セントラル・
メインテナンス」が担当しており、求人広告に書かれている業務

内容は「社内の座席や通路や窓をモップやクロスで清掃、ヘッドカバーの交換、背面テーブルの拭き掃除、座席の方向転換、トイレやデッキの清掃など幅広く経験によって複雑な作業に進んでいくようである。今や新幹線や在来線特急列車や在来線普通列車に連結されているグリーン車は全て座席転換ができるようになっているので、これを迅速に行うには修練が必要であろう。こういう作業は概して低賃金で非正規雇用の人々に負っているので、快適な鉄道旅行の裏方として乗客は思いを馳せる必要があろう。

# 第5章　終着駅の繁栄と混雑

## 5.1　万国博と内国博

### (1) 万国博覧会と内国勧業博覧会の歴史

　万国博覧会では、膨大な陳列品の搬入や観客を会場に運び込むのに、当時はそれをすべて鉄道が担っていたし、その荷物の積降しや観客の乗降はすべて終着駅で行われた。鉄道やその終着駅が大いに関与した戦前に行われた万国博覧会を時系列で一覧にした（表5.1）。

　観客動員数を見ると1851年の第1回ロンドンが604万人、1855年の第3回パリが516万人、第4回ロンドンが621万人と推移したが、その後入場者は大勢的には増加していった。ただし欧米の大都市に比べ地理的に例外的なメルボルンではさすが集客数はぐんと落ちている。

　1893年の万博はシカゴがメイン会場であったが、ニューヨークにも分会場が設けられた。国内のアメリカ人に加えてヨーロッパから来た人たちは、まずニューヨーク会場を見てそれからシカゴに向かう。

**1851年の第1回ロンドン万博の様子**[1)]

## 表 5.1 戦前に行われた万国博覧会

| 開催年<br>(年) | 開催都市 | 日数<br>(日) | 入場者数<br>(万人) | 備　考 |
|---|---|---|---|---|
| 1851 | ロンドン | 141 | 604 | 水晶宮 |
| 1853 | ニューヨーク | | | |
| 1855 | パリ | 200 | 516 | |
| 1862 | ロンドン | 171 | 621 | |
| 1867 | パリ | 210 | 1020 | |
| 1873 | ウィーン | 186 | 726 | |
| 1876 | フィラデルフィア | 159 | 986 | |
| 1878 | パリ | 190 | 1610 | |
| 1880 | メルボルン | 477 | 133 | |
| 1888 | バルセロナ | 236 | | |
| 1889 | パリ | 180 | 3225 | エッフェル塔完成 |
| 1893 | シカゴ | 183 | 2754 | |
| 1897 | ブリュッセル | | | |
| 1900 | パリ | 210 | 4768 | オリンピックと同時開催 |
| 1904 | セントルイス | 185 | 1970 | |
| 1905 | リエージュ | | | |
| 1906 | ミラノ | | | |
| 1910 | ブリュッセル | | | |
| 1913 | ヘント | | | |
| 1915 | サンフランシスコ | 288 | 1883 | |
| 1929 | バルセロナ | | | |
| 1933 | シカゴ | 170 | 2257 | 史上初テーマを設定 |
| 1935 | ブリュッセル | 150 | 2000 | |
| 1936 | ストックホルム | 23 | | |
| 1937 | パリ | 93 | 870 | |
| 1938 | ヘルシンキ | | | |
| 1939 | ニューヨーク | 340 | 4500 | |

※人数、日数が不確定な年あり

ニューヨーク・セントラル鉄道はここぞ儲け時とばかり両都市間を結ぶ豪華寝台編成の臨時特急列車「エンパイア・ステーツ号」を走らせた。総距離1,577キロを頑張って20時間で走破したので平均時速は79キロと、当時、これだけの長距離をこんなに速く走る列車は他になかったのである。

1904年セントルイス万博ではもう1,970万人に増えているが、何とこの万博に永井荷風が出向いていたのだ。

明治維新以来「殖産興業」を掲げた日本では、万博に習って内国勧業博覧会が明治初期から開催された。1877年の東京を皮切りに、1881年東京、1890年東京、1895年京都、1903年大阪と計5回開催されて国民的な関心と興味を呼んだ。国内の産業発展を促進し、魅力ある輸出品目育成を目的として政府主導で開催された博覧会である。

1851年から始まっていた万国博覧会に刺激され、影響されていたが、当時の日本にはいまだ万博を開く余裕と国力はなかった。その代わり国産の物品を一堂に集め優劣を付けて出品者の向上心や競争心を煽ることでもあった。当時としては思い切ったコストをかけて盛大に行ったので、入場者数は多く経済効果と娯楽性は大いに発揮された。

しかし第5回が開かれた直後に日露戦争が起こったため国費の余裕はなくなり、日露戦争後からは都道府県が中心となって内国博覧会の流れを踏襲した大きな博覧会が陸続と催された。主な博覧会を時系列で列記すると次のようになる。

1922年に開かれた「平和記念東京大博覧会」は第一次大戦中に日本の経済力・工業力

**内国勧業博覧会** (出所：国立国会図書館所蔵
『幕末・明治・大正回顧八十年史　第11輯』)

第5章　終着駅の繁栄と混雑　*101*

表5.2　日露戦争前後の主な博覧会

| 博覧会名 | 年 | 日数 | 都市 | 場所 | 会場面積（万坪） | 入場者数（千人） |
|---|---|---|---|---|---|---|
| 第1回内国勧業博覧会 | 1877 | 100 | 東京 | 上野公園 | 3 | 454 |
| 第2回内国勧業博覧会 | 1881 | 120 | 東京 | 上野公園 | 4.3 | 822 |
| 第3回内国勧業博覧会 | 1890 | 120 | 東京 | 上野公園 | 4 | 1,024 |
| 第4回内国勧業博覧会 | 1895 | 120 | 京都 | 岡崎公園 | 5.05 | 1,137 |
| 第5回内国勧業博覧会 | 1903 | 150 | 大阪 | 天王寺今宮 | 11.4 | 5,305 |
| 東京勧業博覧会 | 1907 | 130 | 東京 | 上野公園 | 51.5 | 6,802 |
| 明治記念拓殖博覧会 | 1912 | 60 | 東京 | 上野公園 | | 616 |
| 東京大正博覧会 | 1914 | 160 | 東京 | 上野公園 | | 7,643 |
| 大典記念京都博覧会 | 1915 | 70 | 京都 | 岡崎公園 | | 861 |
| 電気博覧会 | 1918 | 60 | 東京 | 上野公園 | | 1,146 |
| 平和記念東京大博覧会 | 1922 | 140 | 東京 | 上野公園 | | 11,033 |
| 大大阪記念博覧会 | 1925 | 45 | 大阪 | 天王寺公園 | | 1,878 |
| 電気大博覧会 | 1926 | 70 | 大阪 | 天王寺公園 | | 2,901 |
| 東亜勧業博覧会 | 1927 | 60 | 福岡 | 大濠公園 | | 1,603 |
| 大日本勧業博覧会 | 1928 | 60 | 岡山 | 岡山練兵場 | | 1,333 |
| 御大典奉祝博覧会 | 1928 | 75 | 名古屋 | 鶴舞公園 | 2.5 | 1,941 |
| 大礼記念大博覧会 | 1928 | 95 | 京都 | 岡崎公園 | | 3,118 |
| 大礼奉祝交通電機博覧会 | 1928 | 60 | 大阪 | 天王寺公園 | | 1,001 |
| 観艦式記念海港博覧会 | 1930 | 40 | 神戸 | 湊川公園 | | 1,175 |
| 横浜大博覧会 | 1935 | 60 | 横浜 | 山下公園 | | 3,299 |
| 汎太平洋平和博覧会 | 1937 | 75 | 名古屋 | 臨港地帯 | 15 | 4,808 |
| 支那事変聖戦博覧会 | 1938 | 60 | 西宮 | 西宮球場 | | 1,500 |

が大きく増大して好景気に沸いたし、国民には日本は世界の一等国になったのだという錯覚的自負が強まった。全博覧会の中でも最大の1,100万人の入場者数を誇ったが、日本各地から多くの人々が上野駅、東京駅などの終着駅経由会場の上野公園へ運ばれたわけである。当時の新聞を見ると上野界隈の賑わいを生々しく報じていた。

## 「地方からの客で上野界隈の雑踏」

万世橋から博覧会に到る御成街道両側を始め上野公園付近

戦時下大混雑の上野駅（左）と終戦直後の上野駅（右）
(出所：『日本国有鉄道百年写真史』)

一帯の大小通りには紅白の布を巻いた柱や、鳩、桜と思い思いの趣向を凝らした装飾華やかに各商店は所狭い程品物を並べ立て —— 駅前から付近一帯の旅館ではこれ又番頭女中がめまぐるしいばかりの大活動で、島根、山形、秋田などと地方別にされた下駄置場にいずれもぎっしりと履物が詰められて、どやどやと出入りの人の絶間がなく「昨夜から俄かに一軒へ三百人ずつ来たのですから二十日迄は満員です」と素晴らしい鼻息だ。

(朝日新聞・1922年3月11日)

これら内国勧業博覧会は非日常的で楽しい混雑であったが、上野駅にもどの終着駅にも日常的な辛い混雑がやってきた。戦時下の大混雑や戦争直後の荒廃はその象徴であった。

## (2) 陸軍特別大演習

内国博と並んで戦前大勢の鉄道の移動を伴うものとして「陸軍の特別大演習」があった。たとえば1913年秋に名古屋周辺であった大演習も大掛かりなものであった。

それぞれ複数の師団によって編成された数万人規模の2つの軍団が演習計画に基づいて大規模な模擬戦争を行うものであった。天皇が大元帥として統監を行う建前だったので、この時は大正天皇が1週間名古屋に滞在した。受け入れの愛知県も大童ではあったが、県の特産品や観光についての絶好の宣伝の機会でもあるので力を入れたのであった。

実戦形式の模擬戦には将兵 45,000 人と軍馬 6,000 頭が動員されるので、地元では将兵の民宿、来賓の接待に努め、名古屋駅から名古屋城に向かう天皇の行列を見るため 10 万人が沿道を埋め尽くした。演習は三河地方から尾張平野の占領に向かう東軍と木曽川周辺からこれを撃退しようとする西軍がぶつかるというシナリオで行われた。何千人もの部隊が躍動する轟音は迫力満点で、この年に初めて参加した飛行機の飛来もあって群衆は興奮した。

その後の天皇による観兵式で大演習は終了した。この陸軍大演習は 1892 年、1898 年、1901 年〜 1936 年の間は毎年、と計 38 回、全国津々浦々で行われたので、地元の人達はもちろん、何万人という将兵と見物客の鉄道による移動が発生する。したがって開催地の終着駅での列車の発着と乗客の乗降の外、東京、大阪、名古

**陸軍大演習の様子**（出所：国立国会図書館所蔵『明治四十一年特別大演習記念写真帖』）

屋など大都市の終着駅での大きな乗降も起きたはずで、その点、内国博覧会に劣らない終着駅の繁忙を見たのである。

## 5.2 バカンス・お盆・春節

### (1) フランスのバカンス

「バカンス」とはフランス人が主に夏に取る長期休暇のことで、法律上、連続で最大5週間まで取得可能とは、ちょっと驚いてしまう。ただし歴史的に見ると、19世紀においては貴族やブルジョワのものであり、当時の避暑地は大西洋に面したドーヴィルとかビアリッツであった。今有名なニース、カンヌなどが当時金持ちであったイギリス人を誘致するためもあって20世紀になって開発された地域で、一方、やはり20世紀以降フランスの社会主義政党が政権を握って以来、一般の労働者層にもバカンス制度を充実させたことがマッチしたのである。

いずれにせよ国内でも外国へ向かう場合も含めてフランス人が激しく動くので「民族大移動」とも呼ばれている。欧米人はこういうフランスのバカンスに影響されてはきたが、長期夏季休暇は英語圏では2週間程度と大分短く、また人によってばらつきがあるのもフランスとは異なる。

### (2) 日本のバカンス

日本で欧米のバカンスの如く大勢が帰省する時期は

**フランスのバカンス駅頭風景**[1]

(撮影：FrogsLegs71)

「お盆休暇」と「年末・年始休暇」であった。双方とも江戸時代から定着していたが、明治初期から「年末・年始休休暇」は法制化され、「お盆休暇」は民間の風習として定着していった。さらに戦後から現在にかけてゴールデンウイークも加わって、お盆・年末年始ともども帰省や旅行のシーズンとして定着している。

これとは別に、戦前から学生には長い夏休みがあり、また近年企業ではフレックスな休暇消化を提唱していることもあって、とかく春季、夏季、秋季の旅行も増えている。こういう日本の旅行の交通手段として戦前と戦後しばらくは鉄道が独占してきたが、1960年代から自動車、飛行機、船舶も加わってきたので、鉄道のシェアは低下しているし、ましてや海外旅行には鉄道は無縁となってしまう。

戦前でも西洋風の行楽パターンもどんどん紹介されてきた。大人も女性も水着で泳ぐような海水浴は1885年に松本軍医総監が奨励して、大磯に日本初の海水浴場が開かれて始まった。避暑地としては1888年、宣教師ショウが軽井沢に別荘を建ててから高原地帯での避暑が盛んとなり、日光、箱根、野尻湖なども開かれていった。登山は1894年に地理学者・志賀重昂が『日本風景論』を出し、イギリス人ウェストンは1896年ロンドンで『日本アルプス』を出版してヨーロッパにも日本の山を紹介した。スキーは1911年オーストリアのフォン・レルヒ少佐が高田連隊に教えたのを嚆矢とするが、その後国鉄も率先してスキー小屋を各地に建てて宣伝した。青少年を対象にしたボーイスカウトなどによるキャンピングも盛んになっていった。このような状況を伝える新聞報道をご紹介しよう。

### 「この夏は何処へ・人くさい海水浴より自然に親しむキャンピング熱」

大学や少年団を先がけとして家族連れにも本年は大流行。夏季休暇を利用する避暑旅行も今年は人臭い海水浴や別荘住居より自然に親しむキャンピングを選ぶ人が非常に多くなる傾向だ。その先がけは大学スカウトのキャンピングでこれは文部省社会課や少年団日本連盟の三島子爵、二荒伯爵が加わって七月十二日から一週間岳麓山中湖のほとりでやろうと云う計画で各大学から挙って参加するようだ。── 又キャンピングには家族連れで行く者も少なくない。── 収容力の多いのが富士の裾野、次に日光裏や信州の八ヶ岳の麓、野尻湖、上高地などで ──

（東京朝日新聞・1925 年 6 月 11 日）

この結果、新宿駅、東京駅、上野駅などの終着駅が大混雑したことが容易に想像される。

## (3) 中国のバカンス

最近は世界的な経済大国・政治大国になった中国が大変話題になる中で、中国の行楽旅行といえば何といっても春節が大変注目される。「春節」とは中国人に根付いた旧暦の正月で、古代中国では年末年初に先祖や神への祭祀と豊作祈念が行われていたことに由来する。1912 年の清朝滅亡・中華民国の誕生と共に国際的な新暦が採用されたが、旧暦による春節は残って定着している。現在、春節では家族の団欒が重んじられるため、春節前後は帰省

者によって交通量が極端に増え、これを「春運」と呼ぶが、一方、春節の休暇期間を利用して観光旅行をする人々も多い。中国政府の発表によると、2023年の春節に交通機関を利用する人は延べ約30億人に達し昨年比2.2%の増加と見込まれる。30億人の内、25億人が陸上交通機関でその内3億5,000万人が鉄道を、6,000万人が飛行機を、4,000万人が船舶を使うというので、20億人以上は自動車を使うということなのか少し不明である。それでいて「様々な交通手段の中で列車は最も混雑する乗物で、数週間も前から立ち席のチケットも全て売り切れている。主要な路線では通路にあふれた乗客と座席を確保できた客らが交代で席に座り、休息する姿も見られる」といっているので混乱するが、終着駅が大混雑するのは確かでその混雑のランキングは1位が北京西駅（1,467万件）、2位が広州南駅（1,480万件）、3位が鄭州駅（1,370万件）となっている。（数値は各駅に向かう鉄道による旅行件数である。）

## 5.3 日本の駅は最初から混んでいた

旅行を意味する英語の「Travel」は、苦痛という意味も持つフランス語の「Travail」に語源があるといわれている。この言葉ができた頃は、馬車や徒歩での長旅で苦労した時代であったが、1830年にイギリスで世界初の商業鉄道が開通してからも、しばらくは、長旅の苦痛は続いたのであった。

それは世界にも日本にも当てはまるが、日本に於ける苦痛は何といっても混雑であった。日本の鉄道は1872年に新橋〜横浜間が開通して以来、どんどん路線は延長されて、長距離列車も走り

始める。列車速度が遅く、昼間だけでは目的地に着かないから、必然的に夜行列車も多かった。そんな時、乗客にとって最大の苦痛は身動きできない程の混雑であった。

　そんな混雑ぶりを今に生き生きと伝える記述がある。まずは旅行作家の大町桂月が1900年に東京から岡山まで汽車旅を描写していた。この頃彼は妻と二人の幼い息子を米子に残し東京で文筆の道を立てようと、本、雑誌、新聞から注文がくれば書きまくっていた。しかしいまだ無名で収入は知れていた。そんな時に三男が誕生したとの報に接し、急いで米子に向かったのである。こんな境遇だから乗ったのは夜行の三等車であった。

　　乗り込み多き神戸直行の汽車に、おくれて乗り込みて、わずかに腰かくるだけの余地を得たり。幾多の長亭短亭を過ぎて、両方のまたどなりの人出でしかと思えば、余の右に居りし婦人、夫婦の間を人にへだてられ居りしに、其の中の人去りて、夫婦相接するの機を得て、早くも顔を夫の方に向け、脚を余の方に延ばして横臥しぬ。左の人も脚を余の方に横はりぬ。其脚と婦人の脚とは余の背後に於いて幾んば相接触せむばかりなり。其間に介せる余は唯真直に腰かけたるのみにて、少しも体を曲ぐること能わず。

　　　　　　　　　　　　　（大町桂月『迎妻旅行』1900年）

　当時の東海道線の客車はもちろん木造で1900年時点では官鉄、民鉄ともボギー車の比率は15％以下と低かったので、桂月の乗ったのは二軸単車であった確率が高い。この客車に廊下はなく、

客車間を往来する幌付き通路はもちろんなく、照明は薄暗いランプで、座席も背擦りも固い板張りであった。一人当たりの座席スペースは今よりずっと狭く、室内も満員であったので桂月は一晩中全く身動きできなかったと嘆いているのである。そして車中だけでなく終着駅における乗り込みは大変な難儀を伴ったことは当然である。

　次は車中だけでなく終着駅・新橋の混雑も生き生きと伝えてくれている。田山花袋も最初はアルバイトとして旅行作家も兼ねていたが、日本の自然主義作家として台頭し、その処女作が『蒲団』であった。その中で主人公・時雄（花袋自身がモデルでしばらく名が出て来た作家）に岡山県・新見町の旧家出身で、神戸女学院出のハイカラで若く美しい横山芳子が弟子入りしてきたのである。

　ところがある日突然、田中という青年が上京して芳子と懇ろにし始めた。時雄がどう冷静に見ても中身の乏しい青年で歓迎できないので、岡山の芳子の父親に相談の手紙を出す。父親が上京して実際、田中に会って見ると頂けない。父親は見切りを付けて芳子を連れて新見へ帰る決心をした。時雄がこの父娘を送って新橋の停車場に行って見ると駅は大変な混雑であった。

　　混雑また混雑、群集また群集、行く人送る人の心は皆空になって、天井に響く物音が更に旅客の胸に反響した。悲哀と喜悦と好奇心とが停車場の到る処に渦巻いていた。一刻ごとに集まり来る人の群、殊に六時の神戸急行は乗客が多く、二等室も時の間に肩摩穀撃の光景となった。時雄は二階の壺屋からサンドウィッチを二箱買って芳子に渡した。切符と入場券

も買った。手荷物のチッキも貰った。今は時刻を待つばかり
である。—— ベルが鳴った。群集はぞろぞろと改札口に集ま
った。一刻も早く乗り込もうとする心が燃えて、いらだって、
その混雑は一通りではなかった。三人はその間を辛うじて抜
けて、広いプラットホオムに出た。そして最も近い二等室に
入った。後から続々と旅客が入って来た。—— 父親は白い
毛布を長く敷いて、傍に小さい鞄を置いて、芳子と相並んで
腰を掛けた。電気の光が車内に差渡って、芳子の白い顔がま
るで浮彫りのように見えた。父親は窓際に来て、幾度も厚意
のほどを謝し、後に残る事について万事を嘱した。時雄は茶
色の中折帽、七子の三紋の羽織という扮装で、窓際に立尽く
していた。——— 妻がなければ、無論自分は芳子を貰ったに
相違ない。芳子もまた喜んで自分の妻になったであろう。——
—— 車掌は発車の笛を吹いた。汽車は動き出した。

（田山花袋『蒲団』1907 年作）

## 5.4　鉄道の輸送密度は混み具合と収益性のバロメーター

　前節で列車や駅における日本の鉄道の混雑を作家に語ってもら
い、定性的にあるいは感覚的にそれをお伝えしたが、折角の機会
であるのでそれを分かりやすい論理で裏付け説明してみたい。鉄
道の混雑あるいは閑散の度合いとは乗客のどの位あったかという
ことであるが、乗客数が同じでも彼らがどの位の距離を乗ったか、
例えば平均 10 キロ乗ったのか、100 キロ乗ったのかによって混
み方は 10 倍異なる。

第5章　終着駅の繁栄と混雑　*111*

　そこで通常、国ごとに年間に乗客が何人あって彼が平均何キロ乗車したかという指標を輸送量（人・キロ / 年）と表され、昔から使われている。

　しかしA国とB国の輸送量（人・キロ / 年）が同じでも鉄道路線の総延長が違えば混み方は違ってくる。そこで最近は輸送量を鉄道総延長距離で割り、さらに 365 で割って一日平均の輸送密度（人・キロ / 年÷鉄道延長距離÷ 365 日）がもっと注目されるようになった。こういう計算の途中でついでに乗客の平均乗車距離も簡単に算出できるので、これだけの数字が揃えば国ごとの鉄道の混み具合は一目瞭然になる。さっそく日本、フランス、ドイツ、イギリスの四ヵ国を選びこれらの数字を 1910 年〜 2000 年の 90 年間にわたり、10 年刻みで推移を見たのが次表であるので、特に輸送密度に注目して一覧比較して頂きたい。

　この輸送密度は乗客の立場から見れば列車や駅の混み具合の指標になる。一方、鉄道運営体（国営も民営も押しなべて）の立場から見れば、鉄道の収益性が確保できるかできないかの指標となり、世界一般的には「一日当たりの輸送密度が 3 万人から 5 万人」が収益分岐点といわれている。

　そして、「それら数字を見える化」した都合のよいグラフも見つかった。日本は 1950 年に 10,000 を越し最近は 50,000 代で推移しているのに対して、フランス、ドイツ、イギリスでは少しずつ数字は上昇してきたが、今でも 5,000 〜 6,000 のレベルであるから日本とちょうど一桁も違うのである。

　1987 年に日本では無事に JR 民営化ができたのは本島 JR3 社の収益性がよかったためで、ヨーロッパ各国では一時「鉄道改革」

表 5.3 四ヵ国の混雑状況

| | 日本 ||||| フランス |||||
|---|---|---|---|---|---|---|---|---|---|---|
| | (キロ) | (人キロ) | (人) | (キロ) | (人キロ) | (キロ) | (人キロ) | (人) | (キロ) | (人キロ) |
| | 延長 | 輸送量 | 乗客数 | 距離 | 輸送密度 | 延長 | 輸送量 | 乗客数 | 距離 | 輸送密度 |
| 1910 | 8,661 | 5,781 | 180 | 32 | 1,829 | 40,484 | 16,800 | 492 | 34 | 1,137 |
| 1920 | 13,645 | 15,611 | 584 | 27 | 3,135 | 38,200 | 22,100 | 500 | 44 | 1,585 |
| 1930 | 21,593 | 22,769 | 1,208 | 19 | 2,889 | 42,400 | 29,200 | 790 | 37 | 1,887 |
| 1940 | 25,126 | 68,069 | 3,611 | 18 | 7,422 | 40,600 | 17,100 | 347 | 49 | 1,154 |
| 1950 | 27,401 | 118,000 | 8,732 | 14 | 11,798 | 41,300 | 26,400 | 545 | 48 | 1,751 |
| 1960 | 27,902 | 197,000 | 12,974 | 15 | 19,344 | 39,000 | 32,000 | 570 | 56 | 2,248 |
| 1970 | 27,104 | 290,000 | 16,494 | 18 | 29,324 | 36,532 | 40,980 | 613 | 67 | 3,073 |
| 1980 | 27,873 | 316,000 | 18,218 | 17 | 31,061 | 34,362 | 54,660 | 686 | 80 | 4,358 |
| 1990 | 20,157 | 400,000 | 22,560 | 18 | 54,368 | 34,322 | 63,740 | 842 | 76 | 5.088 |
| 2000 | 20,051 | 385,000 | | | 52,606 | 31,939 | 69,870 | | | 5,993 |

| | ドイツ ||||| イギリス |||||
|---|---|---|---|---|---|---|---|---|---|---|
| | (キロ) | (人キロ) | (人) | (キロ) | (人・キロ) | (キロ) | (人キロ) | (人) | (キロ) | (人キロ) |
| | 延長 | 輸送量 | 乗客数 | 距離 | 輸送密度 | 延長 | 輸送量 | 乗客数 | 距離 | 輸送密度 |
| 1910 | 61,209 | 35,700 | 1,541 | 23 | 1,598 | 32,184 | | | | |
| 1920 | 57,545 | | | | | 32,707 | | | | |
| 1930 | 58,176 | 44,300 | 1,900 | 23 | 2,086 | 32,632 | | | | |
| 1940 | | | | | | 32,094 | 30,566 | 845 | 36 | |
| 1950 | 36,924 | 30,264 | 1,472 | 21 | 2,246 | 31,336 | 32,472 | 704 | 46 | 2,609 |
| 1960 | 36,019 | 38,402 | 1,399 | 27 | 2,921 | 29,562 | 34,677 | 721 | 48 | 3,214 |
| 1970 | 33,010 | 38,129 | 1,054 | 36 | 3,165 | 18,969 | 30,408 | 526 | 58 | 4,392 |
| 1980 | 31,497 | 38,862 | 1,165 | 33 | 3,380 | 17,645 | 30,300 | 439 | 69 | 4705 |
| 1990 | 44,118 | 44,588 | 1,172 | 38 | 2,769 | 16,584 | 33,200 | 398 | 83 | 5,485 |
| 2000 | 40,826 | 75,111 | | | 5,041 | 16,878 | 38,200 | | | 6,201 |

(International Historical Statistics)

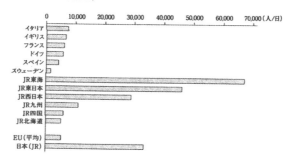

が叫ばれ、民営化への試行錯誤もあったが、どうやっても収益性が低く、国営に戻っているのはひとえに輸送密度によるのである。

この輸送密度という指標は最近国単位だけでなく路線単位でさらにもっと小間切れにした区間単位でも算出されて、JR北海道、JR四国、JR九州だけではなく、会社全体では十分採算の採れているJR東日本やJR西日本まで輸送密度の低い自社の路線や線区をリストアップして公表し始めている。これに沿ってさらなる廃線が始まると、地方の閑散駅の廃止や無人化が進むであろうが、本書で述べる大都会の終着駅までその影響は及ばないであろう。

## 5.5 混雑に輪をかけた日本の送迎文化

列車の混雑は今述べた「人・キロ」をベースに鉄道の営業距離や列車の容量、列車の本数との関連で十分説明が付くが、駅の混雑、とりわけ大きな終着駅の混雑については乗降客数だけでなく彼らを見送り・出迎えする送迎客数の多寡によって大きく影響される。

筆者が今まで終着駅の長距離列車の乗降ホームに行ったケースと回数を顧みた場合、最近は自分ないし自分たちの列車の乗降のための場合が圧倒的に多いが、戦後でも長らく人の見送り・出迎えのために行ったケースがずい分多く、それもそう親しくもない会社仲間や取引先の人たちに対する場合がかなり含まれているのでまさに義理と虚礼であった。このような駅での見送り風景を明治中期に日本に在住した風刺画家ビゴーは実に生き生きと描写していた。

見送り・出迎えは駅頭だけでなく、日本人なら誰でも「歓送会」

「歓迎会」は仲間内、会社内で数多経験している。欧米でも Farewell Party や Welcome Party はよく見聞きするが、どうも本当に親しい人間同士でのことのようで、日本のように広く形式的に行われてきた国はないようである。筆者も今回この現象に気づき、調べ始めるに従って日本は、終着駅における送迎だけでなく、歓送迎会、送迎の心得・態度、送迎の挨拶、送迎文の書き方など送迎作法、送迎文化が欧米に比べてはるかに大仰であるようだ。

見送り風景図絵 (出所:『ビゴー日本素描集)

ちなみに国会図書館で「送迎」という検索語を入れると実に合計 1,771 件が明治前半から現代に及んでいるが、特に戦前に書かれた「礼儀作法」的な記述が最も多い。その対象は小学生から大人までにわたり、軍人・兵士の送迎に関してがかなり目立ち、内容的には、歓送迎会での態度や挨拶言辞例が中心ではあるが、駅での送迎作法についても相当見出せる。

筆者はこの日本の送迎方法が欧米に比べていかに特異であるかを証明したくなっていろいろ資料を探し求めたが、それが極めて少なく結構難事だったのである。折角見つけたのでぜひ読んで頂きたい。まずは一般論として 3 件を列挙する。

　　停車場の送迎なるものが、その馬鹿々々しい事に於て、これに次ぐ。朝八時半か、夜の七時八時十一時の急行列車の出

第5章　終着駅の繁栄と混雑　*115*

る前、東京駅まで行って見ると、歩廊は見送人で身動きならぬ。何処へ行く人を送るのかと聞けば、近きは京大阪、遠くは朝鮮台湾位。それが左ながら南極探検にでも出掛けるやうな仰山な見送りである。友情が厚いのか、閑人が多いのか、兎に角日本人の見送り出迎えの仰々しさは、支那を除けば世界一だ。僅に日本国内にうごめき廻るだけでさえ、これ位である。海外旅行とでもなると、その大袈裟な事は正に言語道断である。—— 私は平生勉めて葬儀にも列するが、又勤めて停車場の送迎もする事にしてある。—— 斯ういふ折には、送迎さるる本人を中心として、異人種の知人が集って、かたがた久潤の情を叙するに頗る都合が宜しいからである。停車場の送迎は一種のフローチング・クラブであって、倶楽部の発達せざる日本には甚だ有用なる一個の社交機関となっている。

(『日米作法の常識』：中河頼覚：1937 年)


　旅立つ者を送り旅より帰るものを迎ふることは何れの国にも行はるる風習なり。之を送るは旅行中安全ならんことを祈り之を迎ふるは旅行中旅行中無事なりしことを祝するの意にて、暖き人情の自然に出でたる美風なり。而も送迎の盛なること我が国の如きは他に絶えて見ざる所なり。西洋諸国にて旅行者を送迎するは大抵数十日数箇月の長日月に亙る長途の旅行に限り、数日間の旅行に送迎することは極めて稀なるが如し。我が国にては数日の旅行にも盛に之を送迎す。

(『社会百言』七十八、旅行者の送迎：三土忠造：1910 年)

2人の筆者は欧米の生活、文化に詳しい人たちなので、さすが視野が広い。それゆえであろうか、日本の送迎は欧米に比べて確かに過多であるが、社交機関が発達していない日本では「まあ必要悪なのであろう」と大人の観察もされている。

---

**停車場③　入場券**

　駅での送迎が多ければ、すなわち即入場券に繋がる。調べてみると駅での送迎には日本でも欧米でも入場券を必要とするケースが多い。日本でいう「入場券」は英語では「Platform Ticket」という。

　イギリスの入場券は19世紀後半から発見されるようになり、この入場券で見送りや出迎えのほか、鉄道マニアが列車や車両を目近く見ることができる点は日本と同じである。ただし、列車内には入れない、混雑時には発券しないなどのケースもあるらしく、日本より少し制約が多いようだ。

　ただし客車には廊下や貫通幌が設置されて、車掌が列車内を容易に行き来できるようになると、乗車券は列車内でチェックできるので、プラットホームに入る改札口も要らなくなるので、20世紀後半ではこれを廃止した国もかなりある。これに伴って入場券も不要とした国も多い。

　しかしIT化が進み、自動発券機や自動改札機が設置されてくると、乗車券も入場券も改札機を通す必要が生じてきたので、有料の入場券が復活する傾向にある。

　日本でも入場券は見送りや出迎えなど乗車以外の目的で改札口内に入れる代償として発券されている。料金は最低運賃と同額の場合が多い。なお、会社や駅によっては制限時間を設けているところもあり、その旨を説明する目的などから、券売機での発売をせず窓口でのみ入場券を発行する鉄道会社や駅もある。

　SuicaなどのICカードでは入場券代わりに使用することはで

きなかったが2021年3月から使えるようになった。なお日本で初めて入場券販売を行ったのは、1897年の山陽鉄道であったとされている。

## 5.6 見送りは人生の哀歓

　日本で終着駅での見送り風景を描いた小説は相当あるはずであるが、筆者の知った3作を紹介したい。それは人生の別離でもあり、終着駅での哀歓が滲み出ている。明治以降、東京が日本の首都として中心都市になり、ほとんどの作家は東京に住むようになったので、どうしても新橋駅における出立や別れについて描かれているケースが多い。

　まずは尾崎紅葉の『金色夜叉』の一節である。主人公・間貫一の親友だった荒尾が出世頭として愛知県県庁幹部となって赴任するのを、級友たちが一緒に列車に乗って横浜まで壮行するシーンである。文中の「五人一隊の若き紳士等」とは貫一の第一高等学校時代の学友で、貫一が挫折してしまった間に皆東京帝国大学に進み、それなりの仕事に就いていた。心を鬼にして高利貸の世界に入った貫一も、親友・荒尾の赴任を知って、実は新橋の停車場では人混みに紛れて密かに彼を見送っていたのである。


　　　新橋停車場の大時計は四時を過ぐること二分余、東海道行の列車は既に客車の扉を鎖して機関車に煙を噴せつつ、三十余両を連ねて蜿蜒として横りたるが、真承の秋の日影に夕栄して、窓々の硝子は燃えんとすばかりに輝けり。駅夫は右往

左往に奔走して早く早くと喚くを余所に、── 五人一隊の
若き紳士等は中等室の片隅に円居して、其中に旅行らしき手
荷物を控へたるは一人よりあらず、── フロックコオトを
着て、待合所にて受けし餞別の瓶、箱などを網棚の上に片付
けて、其手を磨払ひつつ窓より首を出して、停車場の方をば、
求むるものありげに望見たりし─

（尾崎紅葉『金色夜叉』1898 年）

　これは鉄道が開通して四半世紀経った頃の新橋停車場の出発光
景である。まず冒頭の「三十余両を連ねて」にご注目頂きたい。
現在の東海道新幹線ですら 16 両編成であるのに、小っぽけな SL
が 30 両以上も牽いていたことに奇異に感じられるのではなかろ
うか。ところが当時の客車は木造二軸構造のいわゆる「マッチ箱」
といわれる全長 5 ～ 6 メートル、自重が 5 ～ 6 トンであったから
であるが、蒸気機関車はスピードこそ出ないが、その割には牽引
力が強かったためでもある。なお当時の新橋～横浜間の運賃は上
等 1 円 50 銭、中等 1 円、下等 50 銭と 3：2：1 であった。

　尾崎紅葉はまだ古い文体で書いていたのに対して、二葉亭四迷
は日本の近代小説家の第一号はだといわれている。『其面影』は
1906 年に書かれているだけあって、『金色夜叉』よりずっと新し
い感覚で、ストーリーも多彩な展開になっている。これは文豪・
二葉亭の進化というよりも、日本の文学の展開、ひいては明治日
本の文化の急速な発展を反映しているものでもあろう。

第 5 章　終着駅の繁栄と混雑　*119*

　いよいよ出発の当日。隠居も見送りに立とうというのを達
て断って、時子と久兵衛さんとその外二、三の懇親の人々に
送られて、哲也が新橋停車場へ来たのは夕の六時前であった。
一行五名同日同時の出発の事とて、この見送人ばかりでも待
合室はそれこそ林檎を落す余地もないほどで、しかも例の神
戸急行に乗るのであるから、その混雑はいうばかりもない。
同行者は皆見ともないほど余裕のない面をして、起ったり居
たり騒つく中で、哲也ばかりは悠々と落ち着いているのでは
ない、憮然として超然として、―― やがて神戸行々々々と触
れ廻った時、同行の人々は発つ者も送る者も、皆元気よくど
やどやと待合室を出て行く跡に随いて哲也も ―― プラットフ
ォームへ出てから、二、三度残惜しそうに振返って視たが、
小野君、此処だ此処だと同行者に呼立てられて、本意なげに
その二等室の中へ入った。　―― まだ汽車がプラットフォー
ムを出離れぬ中から、義理一片の見送人らは発つ人には背後
を向けて陸続引上げる中で、時子は独り立止って、遠り行く
列車の影を悄然と見送っていた。

（二葉亭四迷『其面影』1906 年）

　中年の大学講師・小野哲也は時子と養子結婚するが、妻と姑は
威張っていて波長が合わず、そのうち、哲也は出戻りの義妹・小
夜と道ならぬ恋に落ちてゆく。夫婦は表面上さやに納まっている
ものの、哲也の心の葛藤は深まるばかりであった。そんな時に大
学の方から仲間の教師数人と一緒に中国の学校へ転任する話が斡
旋されてきた。半ば自暴自棄になっていた哲也は、何でもよいか

ら現状から抜け出そうとその話を受ける。新橋から汽車で下関に行き、そこで船に乗り換えて大陸に渡るために、渡航する教師たちが新橋駅で見送りを受けるシーンである。中国に渡った哲也は結局身を持ち崩し最後は満州の地に流れて埋もれ、一方義妹・小夜子は病院船の看護婦になったとの噂を聞く —— 後日談が何とも悲しく淋しい。哲也の新橋駅からの出立は彼の運勢をさらに狂わせる第一歩だったのである。

三島由紀夫[1]

次の三島が描く『春の雪』は彼ら上流階級にはまたそれなりの人生の哀歓があったことを如実に描いていた。

　こうしてすべては侯爵の計画どおりに恙なく運び、綾倉一家と松枝母子とは、新橋駅で落合うことになった。博士は二等車の一角にそしらぬ顔で乗り込んでいる筈だった。尼門跡への暇乞いの旅といえば、誰に聞かれても立派な名目であるから、侯爵は、夫人と綾倉一家のために、展望車を予約していた。新橋・下関間の特別急行列車は朝の九時半に新橋を発ち、十一時五十五分で大阪へ着くのである。米国建築師ブリジェンスの設計により、明治五年に建てられた新橋駅は、その木骨石張りの班入りの伊豆石の色もくすみ、十一月の澄んだ朝の光りに軒蛇腹の影を鮮明に刻んでいた。—— 列車が展望車の欄干を見せて、光りの帯を縫いながら、重々しく後尾からホームへ入ってきた。—— 窓外に鋭い呼笛がひびいた。

——彼は——聡子に向って、「じゃあ、気をつけて」と言った。——「清様もお元気で。——ごきげんよう」と聡子は端正な口調で一気に言った。清顕は追われるように汽車を降りた。——汽車が軽い身じろぎをして、目の前の糸巻の糸が解けたように動き出した。——後尾の欄干が、たちまち遠ざかった。発車の勢いのよい煤煙が残されて、ホームに逆流し、あたりは、荒んだ匂いに充ちた時ならぬ薄暮が立ちこめた。

(三島由紀夫『春の雪＝豊饒の海（一）』1965年　情景は1912年頃)

1912年は東京〜下関間に特別急行列車である「最急行1列車・2列車」がデビューした時である。この列車のために国鉄では木造ではあるが豪華な専用客車を新製して前年輸入したばかりの新鋭SLに牽かせた。特に圧巻は最後尾に連結されたデッキ付き一等展望車が機関車に押されて頭端式の新橋駅のホームに入って来る瞬間であった。

松枝侯爵の一人息子・清顕と綾倉の令嬢聡子は幼馴染の美男美女で、年頃になるとお互いに惹かれ合った。両家に反対はなく、自然に結ばれるべき2人だったが、清顕のちょっとした強情と美意識によって大変な行き違いが起きてしまう。聡子は宮家と縁談が纏まるが、その期に及んで清顕と聡子は密かに肉体関係ができて聡子は妊娠してし

**三島が描いた当時の一等展望車**

(出所：『日本国有鉄道百年写真史』)

まう。その胎児をこっそり降ろすために聡子たちが大阪の名医を訪ねるために新橋を発つ光景なのである。

さて 1970 年に三島が自決して果てたのは 45 歳と短い人生ではあったが、彼の作家人生の最期に精魂を込めて書いた絶筆が実はこの「豊饒の海」シリーズで 1965 年から 1970 年にかけて足掛け6 年間、文芸雑誌『新潮』に連載された。この『春の雪』はそのシリーズの第 1 巻に当たるもので、一旦歯車が狂った結果、聡子は若くして出家してしまい、清顕は彼女に恋焦がれながら二十歳で病死してしまうのである。

このように終着駅は時代とともに繁栄と混雑を増していった。欧米では万国博、国内では内国博、陸軍大演習などが誘引であったし、国際的に見るとバカンス、盆暮、春節などの長期休暇の拡充なども大いにそれを加速した。しかし一方、日本独自の送迎文化も輪をかけたし、どこでも運命を分けるような、人生の哀歓を伴う個人的な送迎もあったのである。

# 第 6 章 終着駅の変転

## 6.1 旅客駅と貨物駅は分離された

　かつての国鉄時代（鉄道院、鉄道省、国鉄の時代）の大都市の終着駅には 2 つの大きな変化が訪れた。ひとつは貨物駅の分離、もうひとつは郊外電車の乗り入れであった。

　さて、イギリスでも日本でも鉄道開業時から旅客列車とともに貨物列車も運行された。だから客車も貨車もあったが、牽引する機関車は共通であったし、旅客駅も貨物駅も同じ敷地の中に併存していたことは、初代新橋駅を描いた次の錦絵を見ても明らかである。

　しかし、旅客と貨物では、重量も、乗降・積降し方も、運び方も大きく異なってくるので、旅客列車と貨物列車は各々の最適を求めて車両や編成や運行を区分するようになっていった。当時列

**旅客・貨物一体の初代新橋駅**
「東京名所之内　新橋ステイション蒸気車鉄道図」歌川広重（三代）（慶應義塾図書館　所蔵）

車を牽引する SL を見ると、19 世紀の後半には、旅客用機関車と貨物用機関車の仕様がはっきりと分かれてきた。旅客用は大きな動輪を履いてスピードを求め、貨物用は小さな動輪を多く履いて牽引力を求めるように分化したのである。

その結果、旅客用は大きな動輪を 3 つ履く「C 型」に、貨物用は小さな動輪を 4 つ履く「D 型」に定着したが、これらの現象はイギリスでもアメリカでも日本でも共通であった。

また、貨物の種類や輸送量も増えてきたので、貨車の種類や両数も殖え、それを捌く終着駅では貨物用により広大な敷地が求められてきた。

ロンドンの終着駅では最初、同じ場所に旅客駅と貨物駅が隣接していたケースが多かったが、輸送量の増加によって状況が大きく変わってきた。旅客輸送の増大には従来の場所でも、ホームを増やしたり、駅舎を拡大したりすれば何とか対処できたが、貨物駅には広大な土地が必要となってくるし、貨物列車や貨車の組み換えを行う操車場も必要となってきた。そのため多くの貨物駅は土地のコストが安く、また水運とも繋がるロンドン東部のドック地区に移転していったが、パディントンとカムデンにはいまだ敷地に余裕があったので、そこでは貨物駅は存続した。

さて、ロンドンでは当時どんな貨物が重要であったかを見てみよう。大都市が発展し、鉄道で田舎と繋がると、都市では大きな食料市場が形成され、食肉、チーズ、穀類、野菜、果物、魚類、卵などの多種大量の食料品が運ばれてくる。注目すべきはミルクで、ロンドン市民が毎朝、新鮮なミルクの宅配を希望していたので、毎日ロンドンには大量のミルクが運び込まれた。1850 年で

はロンドン市民のミルク需要のうち、たった 5% が鉄道によって運ばれていたが1914 年では96% へと著増していた。しかもその出荷地はロンドン近郊からだんだん遠方に延びて行き、それが貨物列車ではなく、急行旅客列車で入着したことが重要で、そのために「鉄道牛乳」という固有名詞ができ上ったくらいである。田舎では新鮮なミルクはそのまま保存できず、バターやチーズに加工するしかなかったのであるから、そのまま出荷できるメリットは大きかった。

　さらに鉄道によって入荷する野菜、果物、生花などはロンドン市民に季節感を届けてくれた。食料以外ではロンドンの各家庭で大量消費される石炭も重要で、レンガ、ガラス、木材、鉄筋、鉄骨などの建築資材も都市の発展には欠かせなかった。

　もうひとつ、1850 年代に出現した冷蔵貨車により新鮮な魚類や食肉が遠方から運べるようになった。食肉も以前は家畜貨車でロンドンの屠殺場に運び込んで食肉に加工するしかなかったが、地方で加工して食肉でロンドンに持ち込む方が効率的である。こういう鉄道貨物輸送の発展で1850 年〜 1860 年頃はイギリスでもフランスでも鉄道の貨物収益は旅客収益を上回っていたのである。

　1872 年、日本で最初の鉄道が新橋〜横浜間に開業した時は旅客列車だけであったが、翌1873 年 9 月には日本初の貨物列車が 1 日 1 往復運転されるようになった。汐留という比較的広大な敷地のとれていた新橋駅は、旅客駅として、また貨物駅として機能できていた。それが東海道本線の交通量の増大で1914 年に新橋旅客駅の機能は新設の東京駅に移り、貨物駅はそのまま残って汐

留駅と改称した。同時に、電車線の駅であった烏森駅が新橋駅と改称された。

1883年に開業した上野駅は1885年に大宮〜宇都宮間が開通すると旅客、貨物とも取り扱いが増大した。そのため当初は駅構内に旅客駅・貨物駅・車両基地があったがすぐに手狭になり、1890年上野駅の南方に地上の貨物線を開通させて新たに設置された秋葉原貨物駅へ貨物取扱を移転して、上野駅は旅客専用駅となった。ただし上野〜秋葉原間は市街地を縦断して地上の線路を建設したので、これでは東西方向の交通を遮断するとして沿線から強い反対運動が起きたが建設は強行された。

秋葉原駅には神田川から運河が引かれ、はしけを使って連絡運輸を行っていた。なお上野駅〜東京駅〜新橋駅間の連絡線が高架線で1925年に開通し、1932年には旅客列車も貨物列車も高架上に移された。同時に総武本線御茶ノ水駅〜両国駅間が開通したの

秋葉原の貨物駅[1]

で秋葉原駅は三層立体構造の高架駅となった。

　この時点で秋葉原駅の貨物駅では線路14本とホームも設けられ、田端操車場で入れ換えを行った後、日暮里駅を経由して貨車が往復した。戦後は貨物輸送のコンテナ化が進行したので、狭小な立地に高架で貨物取り扱い設備を設けた秋葉原駅ではこれに対応できなくなり1975年に貨物営業が廃止された。

　墨田川駅は1897年には常磐炭田からの石炭の受け入れを行うために設置され、主に石炭、木材、砂利などの荒荷を取り扱い、隅田川の水運と連絡して東京の市街地への輸送を行っていた。

　梅田に立地する大阪駅ではもともとかなり広い敷地があり、旅客駅・貨物駅・車両基地としても機能していた。しかし大正時代には各種の機能を持った設備が混然と存在して能率が低下した。このため大阪駅の改良計画が立てられ、旅客駅としての大阪駅は高架化され、貨物駅はその北側に移転することになった。吹田操車場からの連絡線と一緒に工事が行われ、1928年に完成した。また大阪市内の水運と連絡するために線路も堀割も延ばされて接続させた。

　このように大都市の終着駅の旅客駅と貨物駅とが分離されたので東海道線の旅客列車に乗っても大都市の貨物駅は見え難くなった。だからわれわれが貨物駅を見るチャンスは、途中の中都市の旅客駅に隣接する貨物駅や広大な操車場ヤード、通過する小都市の旅客駅の傍らに醤油工場や製粉工場の引き込み線で荷扱い中の貨車などに限られていったのである。

　日本の鉄道貨物輸送を見ると、最初は小口貨物が多く、貨車1両にいろいろな貨物を混載したが、1879年に「一車貸切扱い制度」

を導入し、貨車1両を最低単位として貨物列車が組成された。したがって貨物列車には行き先がまちまちの貨車が雑多に連結されたのである。当時どんな貨物品目が多かったか、はっきりした統計はないが、いくつかの資料から推測すると、木材、石材、砂利、薪炭、米穀、綿糸、生糸、織物、紙、セメント、レンガ、マッチ、石鹸などが多かったようである。そして産業や経済が活発化すると木材、石炭、セメント、鉄、化学肥料といった建設用、産業用、農業用の基礎資材も堅調に伸びている。

　そのほか、日本人の食生活に欠かせない鮮魚の鉄道貨物輸送は大いに重視された。鮮魚運搬用の貨車は明治時代には「魚運車」と呼ばれ、通風ができるだけの構造であったので、氷を積んで冷却したが長距離輸送は困難で、沼津〜新橋間などの短距離で一般の貨物列車に連結して運行された。それでも大正時代に入ると、「魚運車」だけを連ねた鮮魚貨物列車が運行され大量迅速な輸送が行われた。

　さらに1908年に冷蔵車が登場すると魚運車はそれに代替されて1925年までに全廃された。下関〜新橋間、青森〜上野間などの長距離輸送は評判がよく順調に発展した。また大都市では魚市場に隣接した市場駅が設置され、そこまで乗り入れたので大変便利になった。

　鮮魚以上に東京市民がよだれを垂らしたのがすき焼き用の牛肉であった。「近江牛」で有名な滋賀県から最初は生きた牛のまま陸路や船で東京まで運ばれたが、1889年に東海道線が全通すると、その輸送には貨車が充当され、近江八幡駅がその発着駅となった。ところが程ない1892年に牛の疫病が全国に広まったのを

契機に、生きたままの牛輸送が禁止され屠肉である枝肉の輸送が始まった。1910 年時点で、近江八幡駅から東京へ 6,000 頭分、京都へ 2,000 頭分、横浜、名古屋へ各 1,000 頭分と出荷されだけでなく、甲府、金沢、小田原などの地方都市へも貨物列車によって販路を広げていったのである。

　大都会の終着駅で旅客駅と貨物駅が分かれ、その後も各々拡大されていくと、それに対応して終着駅近辺に車庫や操車場も拡充されなければならない。旅客は終着駅で勝手に乗降してくれるからそれだけでよいが、貨物の場合、積み降ろしだけでなく、貨車の離合集散、貨物列車の組み替えなど膨大で複雑な作業が貨物操車場で行われる。したがって線路が数多敷かれた広大な操車場が造られた。田端操車場や吹田操車場などがその代表である。

## 6.2　郊外電車の時代

　今、日本は世界一の「電車王国」である。欧米と違って電気機関車の牽く客列列車という動力集中式ではなく、電車という動力分散式の電気列車が断然多いという現象である。その代表は新幹線と通勤電車といえようし、東京や大阪を見る限り、その「通勤電車」は「JR 線」と「私鉄」と「地下鉄」に代表される。

　ただ、地下鉄網の充実は近年のことであり近代鉄道史の観点から電車というと「JR 線」と「私鉄」に焦点が当てられる。両者とも一昔前の懐かしい「郊外電車」という言葉で括られていた。この言葉は大分風化しているが、その語彙を辿れば、関東大震災（1923 年）後、東京が復興・発展していく際、だんだん武蔵野が切り開かれて新興住宅地ができ、都心からそこに電車が通い出し

た、といった時代風情が背景になっている。

戦前は雑木林や畑に囲まれて、ぽつん、ぽつんと家が建つ静けさを時々破るのは、モーターの唸りを響かせながら通り過ぎる2、3両編成の電車であった。こんな郊外電車のイメージはちょっと都心を離れると随所で見られた。西武・池袋線の江古田、中央線の中野、小田急線の下北沢以遠などはまさにそんな風景が展開されていたのである。

郊外電車は上野、池袋、新宿、渋谷、品川など山手線の駅を始発駅として各方向へ放射状に延びているから解りやすい。その大半は私鉄であるが、総武線、常磐線、京浜東北線、中央線の電車運行区間もまったく同じように郊外電車として機能している。戦前に走り出した東京の郊外電車は、表6.1のとおりである。

京成線、東武伊勢崎線、東武東上線、西武池袋線、西武新宿線、京王線、JR中央線、玉川線、JR京浜線、京浜・本線などは明治から大正時代に、JR東北線、小田急線、東急系統は昭和前後に、JR総武線、JR常磐線、井の頭線はもう少し遅れて開通している。住宅地開発を目的に電車を走らせたのは東急系統で、戦前は田園調布や洗足、戦後は田園都市線沿線が代表的である。

一方、関西の郊外電車を見てみよう。「芦屋」という地名は高級住宅地として今では全国的に有名であるが、住宅地としての発展は20世紀に入ってからのことである。六甲山を背にして東は西宮から西は神戸に至る地帯は「阪神間」と呼ばれ、江戸時代から酒造業、水車による絞油業、木綿・菜種栽培などが行われるのどかな地帯であった。

その後、1874年に官営鉄道が阪神間にも開通して以来、南斜

第6章　終着駅の変転　*131*

表6.1　戦前に走り出した東京の郊外電車

| 路線 | 部　分　開　通 | | 全　線　開　通 | | 電化 (年) |
| --- | --- | --- | --- | --- | --- |
| | 年 | 区間 | 年 | 区間 | |
| JR・総武線 | 1932 | 秋葉原－両国 | 1935 | 秋葉原－千葉 | 1932 |
| 京成・京成線 | 1912 | 押上－市川 | 1926 | 押上－成田 | 1912 |
| JR・常磐線 | 1936 | 日暮里－松戸 | 1949 | 日暮里－取手 | 1936 |
| 東武・伊勢崎線 | 1899 | 北千住－久喜 | 1910 | 浅草－伊勢崎 | 1927 |
| JR・東北線 | 1928 | 田端－赤羽 | 1932 | 田端－大宮 | 1928 |
| 東武・東上線 | 1914 | 池袋－川越 | 1925 | 池袋－寄居町 | 1929 |
| 西武・池袋線 | 1915 | 池袋－飯能 | 1915 | 池袋－飯能 | 1925 |
| 西武・新宿線 | 1921 | 高田馬場－荻窪村 | 1927 | 高田馬場－東村山 | 1921 |
| JR・中央線 | 1904 | 新宿－中野 | 1930 | 新宿－浅川 | 1904 |
| 京王・京王線 | 1913 | 笹塚－調布 | 1925 | 新宿－八王子 | 1913 |
| 京王・井の頭線 | 1933 | 渋谷－井の頭公園 | 1934 | 渋谷－吉祥寺 | 1933 |
| 小田急・本線 | 1927 | 新宿－小田原 | 1927 | 新宿－小田原 | 1927 |
| 東急・玉川線 | 1907 | 渋谷－二子玉川 | 1907 | 渋谷－二子玉川 | 1907 |
| 東急・東横線 | 1926 | 多摩川－神奈川 | 1932 | 渋谷－桜木町 | 1926 |
| 東急・大井町線 | 1927 | 大井町－大岡山 | 1929 | 大井町－二子玉川 | 1927 |
| 東急・目蒲線 | 1923 | 目黒－沼部 | 1923 | 目黒－蒲田 | 1923 |
| 東急・池上線 | 1922 | 池上－蒲田 | 1928 | 五反田－蒲田 | 1922 |
| JR・京浜線 | 1914 | 東京－高島町 | 1915 | 東京－桜木町 | 1914 |
| 京浜・本線 | 1899 | 六郷－大師 | 1933 | 品川－浦賀 | 1899 |
| JR・横須賀線 | 1930 | 東京－横須賀 | 1947 | 東京－久里浜 | 1930 |

面の温暖な住宅適地として着目され、1905 年の阪神電鉄、1920年の阪急電鉄の開通によって、神戸市東灘区、芦屋、西宮と続く地帯は、海から山麓に至る南斜面に長い帯状に開発されていった。大阪には 1880 年代から紡績工場が次々と建てられて工業都市になっていくなか、工場で働く職工たちには大阪南西部（港区、西成区、住吉区など）に建てられた長屋群に住んだが、経営者たちは煤煙の増えた大阪を逃れて阪神間に居を移すようになった。

　1920 年に阪神間を開通させた阪急電鉄が出した『如何なる土地を選ぶべきか、如何なる家屋に住むべきか』と題したパンフレットの冒頭で総帥の小林一三は次のように、阪神よりも激しく、

具体的に訴えている。

　　美しき水の都は昔の夢と消えて、空暗き煙の都に住む大阪
　市民諸君よ！ ── もっと適当なる場所に三十余万坪の土地を
　所有し、自由に諸君の選択に委し得べきは、各電鉄会社中、
　独り当会社あるのみなればなり ── 郊外に居住し日々市内
　に出でて終日の勤務に脳漿を絞り、疲労したる身体をその家
　庭に慰安せんとせらるる諸君は、晨に後庭の鶏鳴に目覚め、
　夕に前栽の虫聲を楽しみ、新しき手作りの野菜を賞味し、以
　て田園的趣味ある生活を欲望すべく、従て庭園は広さを要す
　べし、家屋の構造、居間、客間の工合、出入に便に、日当り
　風通し等、屋内に些かも些かも陰鬱の影を止めざるが如き理
　想的住宅を要求せらるるや必せり

（『如何なる土地を選ぶべきか、如何なる家屋に住むべきか』阪急電鉄 1920 年）

　阪神、阪急とも阪神間の宅地開発と居住勧誘へ注力して、1930
年代には高級住宅地としての地位が確立した。阪神間で象徴させ
てしまったが、大阪からは京都方面へ、奈良方面へ、河内方面へ、
和歌山方面へと郊外電車の路線はどんどん延伸されて関西私鉄網
が形成された。（表 6.2）そして住宅地が拡大されていった。
　これら私鉄の終着駅を大阪と東京で見てみよう。開設当時から
見ると随分、拡張・発展があったが、現状を一覧すると表 6.3 の
とおりである。
　まず駅のレイアウトから見ると全体的にかなりの線数とホーム
数を備える頭端式構造が多い。一方、今や東急・東横線の渋谷駅

第6章 終着駅の変転 *133*

表6.2 路線の変化

| 路線 | 部分開通 | | 全線開通 | | 電化 |
|---|---|---|---|---|---|
| | 年 | 区間 | 年 | 区間 | (年) |
| 南海・本線 | 1885 | 難波－大和川 | 1903 | 難波－和歌山市 | 1911 |
| 南海・高野線 | 1898 | 大小路－河内長野 | 1915 | 汐見橋－橋本 | 1915 |
| 南海・阪堺線 | 1927 | 芦原橋－三宝車庫前 | 1935 | 芦原橋－浜寺 | 1927 |
| 阪和電鉄 | 1929 | 天王子－和泉府中 | 1930 | 天王寺－東和歌山 | 1929 |
| 阪神電鉄・本線 | 1905 | 西梅田－雲井通 | 1936 | 梅田－元町 | 1905 |
| 阪神電鉄・国道線 | | | 1927 | 野田－東神戸 | 1927 |
| 阪急電鉄・宝塚線 | | | 1910 | 梅田－宝塚 | 1910 |
| 阪急電鉄・神戸線 | 1920 | 十三－上筒井 | 1930 | 梅田－神戸 | 1920 |
| 阪急電鉄・京都線 | 1925 | 天神橋－淡路 | 1928 | 天神橋－西院 | 1928 |
| 京阪電鉄・本線 | | | 1910 | 天満橋－五条 | 1910 |
| 近鉄・奈良線 | | | 1914 | 上本町－奈良 | 1914 |
| 近鉄・京都線 | | | 1928 | 京都－西大寺 | 1928 |
| 近鉄・大阪線 | 1914 | 上本町－布施 | 1930 | 上本町－伊勢中川 | 1914 |
| 近鉄・南大阪線 | 1898 | 道明寺－古市 | 1929 | 阿倍野橋－吉野 | 1923 |
| JR・東海道線 | 1934 | 神戸－大阪 | 1937 | 神戸－大阪－京都 | 1934 |
| JR・片町線 | | | 1895 | 片町－四条畷 | 1950 |
| JR・城東線 | | | 1895 | 梅田－天王寺 | 1941 |

や京急の品川駅は線数・ホーム数が少なくしかも通過式構造である。これらは元来頭端式構造であったのが、その後直接地下鉄に直行乗り入れすることで、実態は終着駅ではなく通過駅へと変わったからの現象で、類似のケースは関東でも関西でも増えつつある。

　さて郊外電車の終着駅の駅舎自体が豪壮であったことはなく、むしろ終着駅に隣接する百貨店のビルが当時としては威容を誇っていた。それも戦前、関東では東武・浅草駅の松屋百貨店、東急・渋谷駅の東横百貨店だけであった。

　一方、関西では京阪・天六駅以外はすべて終着駅に百貨店が隣接しており、特に阪急・梅田駅に隣接する阪急百貨店や南海・難波駅に隣接する高島屋などが立派であった。さらに現在の近鉄・

上本町駅は大阪電気軌道（大軌：大阪線と奈良線）の終着駅で大軌百貨店が、近鉄・阿部野橋駅は大阪鉄道（大鉄：南大阪線、吉野線）の終着駅で大鉄百貨店が建物として駅を取り込んでいた。

ただし現在は関東の私鉄は線路も車両も運行もぐんとレベルアップされて、戦前大きく離されていた関西私鉄に肉薄した感じであるが、終着駅でも西武・池袋駅、東武・池袋駅、小田急・新宿駅、京王・新宿駅は各々西武百貨店、東武百貨店、小田急・新宿駅、京王・新宿駅と隣接し、この意味でも関西並になった。これら東西私鉄の終着駅で何といっても出色なのは戦前も現在も阪急・梅田駅であろう。

まず頭端式ホームが10面も並び、神戸線、宝塚線、京都線の列車が頻繁に発着する。阪急の車両は、造形やサイズ、濃茶色の塗色などすべて統一しているので、並んで停車していると、美しい統一感があり、壮観である。阪急梅田駅こそ私鉄終着駅の最高峰であり、ヨーロッパの終着駅をほうふつさせてくれるのは東京駅でも大阪駅でもなく、この阪急・梅田駅なのかも知れない。

改めて東西の郊外電車の一覧（表6.3）を見て頂きたい。JR線だけを拾い上げても、東京地区では総武線の秋葉原〜千葉、常磐線の日暮里〜取手、京浜東北線の田端〜大宮、中央線の新宿〜浅川、京浜東北線の東京〜桜木町、横須賀線の東京〜横須賀、関西地区でも東海道線の京都〜大阪〜神戸、城東線の大阪〜天王寺の各路線の電車運転開始は東京駅、上野駅、大阪駅、京都駅などに郊外電車が乗り入れてきたことになる。

それまでは、元来長距離幹線の終着駅だったので、これら終着駅に乗降する人たちは非日常的な長旅をする者と彼らを送迎する

第 6 章　終着駅の変転　　*135*

表 6.3　東京と大阪の終着駅

| 場所 | 線　名 | 線　数<br>（ホーム数） | ホーム<br>配置 | ターミナル<br>ビル | 戦前 |
|---|---|---|---|---|---|
| 池袋 | 西武・池袋線 | 4 線（4 面） | 頭端式 | 西武百貨店 | 西武池袋駅 |
| 池袋 | 東武・東上線 | 3 線（3 面） | 頭端式 | 東武百貨店 | 東武池袋駅 |
| 浅草 | 東武・伊勢崎線 | 4 線（3 面） | 頭端式 | 松屋百貨店 | 松屋百貨店 |
| 新宿 | 小田急・本線 | 7 線（6 面） | 頭端式 | 小田急百貨店 | 小田急新宿駅 |
| 新宿 | 京王・本線 | 3 線（3 面） | 頭端式 | 京王百貨店 | 京王新宿駅 |
| 上野 | 京成・本線 | 4 線（2 面） | 頭端式 | 京成上野駅 | 京成上野駅 |
| 渋谷 | 東急・東横線 | 4 線（2 面） | 通過式 | 東急渋谷駅 | 東横百貨店 |
| 渋谷 | 東急・田園都市線 | 2 線（1 面） | 通過式 | 東急渋谷駅 | なし |
| 品川 | 京急・本線 | 3 線（2 面） | 通過式 | 京急品川駅 | 京急品川駅 |
| 梅田 | 阪急・神戸、宝塚、京都線 | 9 線（10 面） | 頭端式 | 阪急百貨店 | 阪急百貨店 |
| 梅田 | 阪神・本線 | 4 線（5 面） | 頭端式 | 阪神百貨店 | 阪神百貨店 |
| 淀屋橋 | 京阪・本線 | 3 線（1 面） | 頭端式 | 京阪淀屋橋駅 | 京阪天六駅 |
| 上本町 | 近鉄・大阪線、奈良線 | 6 線（7 面） | 頭端式 | 近鉄百貨店 | 大軌百貨店 |
| 阿部野橋 | 近鉄・南大阪線 | 5 線（6 面） | 頭端式 | あべのハルカス | 大鉄百貨店 |
| 難波 | 南海・本線、高野線 | 8 線（9 面） | 頭端式 | 大阪高島屋 | 大阪高島屋 |

者であった。それだけでもとかく手狭な日本の終着駅では混雑が
目立った。

## 6.3　終着駅の変質

　終着駅に郊外電車が乗り入れてくると、ホームの面数や線数は
増えたのだが、これによって運ばれる乗降客、それは日常的な通
勤・通学客を主体に、昼間は買物客などのも含まれて、その人数
は非日常的な長距離幹線の乗客よりはるかに多くなった。

　さらに JR 線だけでなく私鉄の終着駅で降りた客は、そこで降
りっぱなしではなく、新たに JR 線や路面電車に乗り換えて、都
心の終着駅で降りることも多い。すると帰途は逆のルートでやは
り JR の終着駅を使うことになる。その結果、東京駅、上野駅、
大阪駅、京都駅などの終着駅のホームやコンコースを通行する乗

阪急百貨店梅田（左）と阪急・梅田駅　頭端式ホーム[1]（右）

撮影：Senbayashi6952

降客の人数が単に著増するだけでなく、客層が変わり、乗降客の通行パターンも大きく変わったのである。

　次はニューヨークを見てよう。ニューヨークの二大鉄道ターミナルであるグランド・セントラル駅とペンシルバニア駅は戦前から戦後しばらくは各々のシカゴ行き特急列車である「20世紀特急」と「ブロードウェイ特急」の発着で集客と人気に凌ぎを削っていた。ところが今はグランド・セントラル駅には多くの近郊列車が集中し、ペンシルベニア駅にはアムトラック（AMTRAK）の運行する長距離列車を集中させているので、両駅の人の流れ、通行人の質などが大きく分化してきているようである。

　グランド・セントラル駅をニューヨークの在留邦人はしばしば「グラセン」と略称することが多いが、ここから発着するメトロノース沿線のニュージャージー地区の住環境がよいので日本人駐在員が多く利用している。「Japan as Number One」とか「日本人は働き蜂」だといわれた1980年代後半の頃は「グラセン」を夜10時半から1時頃までに発車する電車に彼らが乗り込み、車中では揃って日本経済新聞を読んでいたので、「オリエント・エクスプレス」と揶揄されたようである。

「グラセン」は日本人だけでなくマンハッタンで働く知識階層が通勤でよく利用することもあって、今はお洒落なレストラン、オイスター・バー、ショップなどが揃っているのは終着駅の変質の際たるものであろう。

**昭和30年ごろの東京駅通勤風景**

# 第7章　終着駅を賑わせた特別列車

## 7.1　スター列車のデビューと引退は終着駅で

　新形の花形列車がデビューすると大いに注目を浴びるが、その映像は大都市の終着駅から出発式が使われることが圧倒的に多い。1933年にデビューしたドイツのディーゼル特急「フリーゲンダー・ハンブルガー号」はベルリン〜ハンブルグ間をいきなり最高時速160km、平均時速124kmと従来の蒸気列車のレベルを足下に見るものであったので、ドイツでは当然ラジオや新聞紙上を賑わせた。処女列車がベルリンを目指してハンブルグ駅を出発する直前、ホーム上には黒山の人だかりができている。

　アメリカでも同じような流線形ディーゼル特急列車では「パイオニア・ゼファ号」が目立ったが、1934年5月にデンヴァーからシカゴまでテストランさせると1,609kmを平均時速125kmで走破してしまった。さっそくシカゴで開かれていた万国博覧会に

フリーゲンダー・ハンブルガー号の
処女列車出発風景

(出所:『Eisenbahn Journal 1/94』)

ノースカロライナ駅での
ゼファ号の展示[1]

展示されて耳目を集めると、フィラデルフィア、ボルチモア、ニューヨーク、ボストンなど東海岸の主要都市の終着駅に巡回展示され、どこでも大勢が見物に押しかけた。この列車は、宣伝映画も作られた。もうひとつのM-10000型もニューヨークのグランド・セントラル駅では報道陣をはじめ多くの観衆が集まり取り囲んだ。

　日本でも似たような例は戦前からいくつかあったが、国際的な注目を集めるほどのものはなかった。そのようななかで、1964年の東海道新幹線0系列車の出発式こそ東京と新大阪駅で同時に行われ、海外にもニュースで流れた。東京駅では石田礼助国鉄総裁以下関係者が集まり、恒例のくす玉が割られた。

**新幹線0系処女列車出発風景**
(出所:『日本国有鉄道百年写真史』)

　これに対して名物列車の引退時は、ブルートレインの例を見ても一

**さよならブルートレイン**[1]

撮影：Tennen-Gas

般観衆よりも鉄道ファンに囲まれて行われるケースが多いようである。一抹の哀愁を感じるが、関係者が終着駅のホーム上に集まって盛大に行われることもある。

1982年に上越新幹線が全通したため、入れ替わりに上野～新潟間の在来線特急「とき」が引退することになり、最終列車の「とき号」の出発時には新潟駅のホームは観衆で一杯になったのである。

## 7.2　ボート・トレイン、遊説列車、葬送列車

### (1) ボート・トレイン

終着駅を賑わす変わり種列車を3種類ご紹介したい。まずは「ボート・トレイン」である。「船車連絡列車」とも言われるが、大きな港湾の駅と大都会の終着駅を結んで、外航船の発着に合わせて運転される列車で、発着する船客の便を図るとともに、関係者の見送り・出迎えを主に大都会の終着駅でもやって貰おうとの配慮で生まれた列車である。

この種の列車もイギリスでの歴史が最も古く、特にロンドンとニューヨーク航路の発着港であるサザンプトンの間に走るボート・トレインが一番有名で華やかである。時代的には北大西洋航路が華やかだった戦前がその絶頂期で、サザンプトンに入港

ボート・トレイン[1]

第7章　終着駅を賑わせた特別列車　141

した「クイーン・エリザベス号」の船客をロンドンのウォータールー駅に運ぶボート・トレインなどはまさに象徴的であった。

　そして1912年の初航海で沈没事故を起した豪華客船タイタニック号の出帆のためにも、ここのボート・トレインは何も知らずにサザンプトンに向けて走ったのであるが、そんな悲運を夢にも知らずウォータールー駅を出発する一等船客たちがそこには写っていたのである。

　さて、こんな華やかなボート・トレインの世界が日本にあったのだろうかと思われるかもしれないが、地味ながら数多く存在したのである。日本と海外との往来は、戦前はもちろん1950年頃までは航路に頼っていたので、特に東京駅と主要な外航船の港との間にかなりボート・トレインが走ったのである。

　その嚆矢は1912年に敦賀〜ウラジオストク間の航路に接続する形で、航路の運航日に限り東京駅〜敦賀港駅間で運転が開始された。1920年には、横浜港〜サンフランシスコ間航路に接続するため、東京駅〜横浜港駅間でも始まった。その後、東京駅から

サザンプトンを出航するタイタニック号　　　　当時の新聞
(出所:『新訂　タイタニックがわかる本』)

神戸港駅が欧州航路、長崎港駅が上海航路、新潟港駅が朝鮮航路に接続するボート・トレインが運行されるようになった。

### (2) 遊説列車

次に「遊説列車」である。有名な政治家が人の多く集まる終着駅で、展望車のデッキで、あるいは客車の窓を開けて演説する列車である。イギリスではグラッドストーン首相やバルフォアらが使ったし、アメリカでも1948年に大統領選挙を控えたハリー・トルーマン大統領が再選を目指してニューヨークのグランド・セントラル駅のコンコースで演説を行っている。

**大隈重信**（出所：国立国会図書館所蔵『近世名士写真 其2』）

日本では大隈重信がこの愛用者で、特別の列車を仕立てて大きな停車駅で停車する間、選挙の応援演説などを行った。1915年3月、大隈重信首相は第12回総選挙で与党応援のため東京から遊説に出発した。ただし大隈が77歳という高齢で、かつ足も不自由であったためか、東京→大阪→金沢→名古屋→東京→横浜→東京という1,100kmの鉄路を5日間かけて廻り、列車が各々の都市の駅のホームに停車すると、ホームに来ていた候補者や支持者と詰めかけた聴衆に向って、車窓から演説をしたのである。汽車が走り始めると大隈は候補者と堅く握手を交わし、聴衆からは大隈に対して万歳三唱が起こるのであった。

### (3) 葬送列車

続いて「葬送列車」である。一般人が命を全うすると葬式があ

り霊柩車に乗せられる。ところが偉人の逝去に際しては葬送列車という列車に乗せられ、各地を廻り国中こぞっての大きな儀式となったが、今やあまり知られていない。歴史的に見て最初に目につく葬送列車は、奴隷解放の父と呼ばれたアメリカの第16代大統領のエイブラハム・リンカーンが凶弾に倒れた時である。その遺体を乗せた葬送列車がワシントンから故郷のイリノイ州スプリングフィールドまで、数週間かけて各都市をめぐり運行されたのである。偉人が倒れた場合、国中が喪に服すというアメリカの習慣は、この時確立されたともいわれている。

1865年4月14日、リンカーンはフォード劇場で観劇中に暗殺され、葬送列車での旅は4月19日に始まった。直近まで行われていた南北戦争が数日前に終わったばかりで、北部全域が祝勝ムードに沸いたのもつかの間、急遽喪に服すことになったが、燃えていたエネルギーがそのままこれに向けられた感じでもあった。この葬送列車が立ち寄った各都市の終着駅にも弔問者が押し寄せて合計100万人を数え、沿線で列車を見送った人は数百万人に達したのである。その中には奴隷制度から解放された黒人たちが数多く含まれていたことは当然である。

リンカーン大統領[1]　　リンカーンの葬送列車[1]

偉人の死には必ず後日談が発生するもので、ある年の4月27日の夜、ニューヨークの中央駅に、突然暗闇の中からリンカーンの遺体を運んだあの葬送列車が音もなく到着すると、どこからともなく葬送曲が聞こえ、線路の両端には黒い吹流しがたなびいている。突然構内に軍服を着た兵士たちの亡霊が現れ、リンカーンの遺体の入った柩をかつぎ上げて列車の中に運び込む。

列車の一両には、ガイコツで編成された演奏家の一団も乗っていたという。そしてしばらくしてから列車は音も立てずにスーッと駅を発車していった。なお、この葬送列車の客車編成を提供したのが、前述した豪華寝台列車会社プルマン社を興したジョージ・プルマンで、この葬送列車によって彼の名が一躍高まったのである。

ドイツでも陸軍の名参謀総長としてウィルヘルム1世やビスマルク首相と組んで、普仏戦争にも勝利し、軍国プロシアの基礎を築いたモルトケの葬儀は1891年にベルリンで行われた。彼の遺体が故郷に帰るのであろうか、葬送列車を見送る人びとでベルリ

モルトケ参謀総長

モルトケの駅頭葬送
（出所：『The Railway Station』）

ンの終着駅前は埋め尽くされた。

## 7.3 終着駅での悲劇

### (1) 伊藤博文

　終着駅で著名人が狙撃され、失命する大事件は決して多くはないが、日本では、例外的なのか、伊藤博文、原敬、浜口雄幸という大物政治家が終着駅で遭難している。

　文豪・夏目漱石は学生時代からの親友で当時南満州鉄道総裁であった中村是公に招かれて、1909 年 9 月 2 日〜 10 月 16 日の正味約 40 日間にわたり満州と韓国を旅行した。ところが漱石が帰京して 10 日経った 10 月 26 日に伊藤博文がハルピン駅頭で朝鮮人・安重根によって暗殺されたのである。漱石にとっては単に大ニュースというだけでなく、ハルピンには 9 月 22 日・23 日に滞在したので記憶が生々しい。それだけではない。犯人が乱射したピストルはお供をしていた満鉄総裁・中村是公の衣類、理事・田中清次郎の右の靴をも貫通した。伊藤博文は胸・腹部に被弾して「三発貰った、誰だ」と言って倒れた時、中村是公がすぐに駆け寄って伊藤を抱きかかえ、ロシア軍の将校と兵士の介助で列車内に運び込んだのである。だから漱石の驚愕は尋常ではなかった。

　1909 年 6 月に伊藤博文公爵は韓国統監を退任して枢密院議長に就任していたが、満州・朝鮮問題についてロシアの蔵相ウラジーミル・ココツェフと会談するために、外交団を連れてハルビン市に向かい、午前 9 時、ハルピン駅に到着した。

　ココツェフは予定どおりにロシア側の列車で先に到着しており、伊藤の到着を待って日本側の列車車内を訪れ挨拶をした。そ

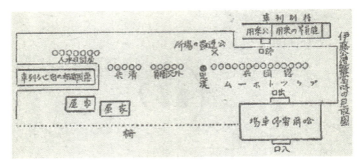

伊藤博文遭難ハルピン駅図 (出所:「満州日日新聞」)

伊藤博文[1]　　伊藤博文遭難ハルピン駅 (出所:「満州日日新聞」)

の車内で20分ほど歓談した後、ココツェフがロシア側の列車に宴の席を設けているからと招待したので、伊藤は随員とともに列車を移ることになった。この際、表敬のために整列したロシア兵を閲兵しようと、一行はホームに降り立った。伊藤らが列になってロシア要人らと握手を交わしていたところに、群衆を装って近づいていた安重根が、ロシア兵の隊列の脇から手を伸ばし、10歩ほどの至近距離から7連発銃の全弾を乱射した。随行の医師たちが駆けつけて懸命に止血したが、伊藤は程なく絶命した。

　伊藤・ココツェフの会談が市内に席を設けずに列車内で設定さ

れたのはハルピン市街の治安の悪さを懸念したためであったのに、皮肉にも人々が居並ぶ駅のホーム上ですら危険が潜んでいたのである。

狙撃した安重根は韓国側から見れば日本が韓国を植民地化する動きに必死に抗した英雄である。一方、伊藤博文は明治の元勲の中でも最高峰で日本の近代化と

安重根[1]

発展に先頭に立った偉人である。今となってはもう2人の個人という次元の問題ではなく、近代史の1コマとして冷静に見つめなければならない問題なのであろう。

帰京していた漱石に満州日日新聞から今回の満韓旅行に関連して何か書いて欲しいとの要望があり、書き始めたら、このニュースが飛び込んできた。この事件にも当然触れつつ漱石の書いた韓満所感が、同紙の1909年(明治42年)11月5日と6日に亘って連載された。

　　昨夜久し振りに寸閑を偸んで満州日日へ何か消息を書かうと思ひ立って、筆を執りながら二三行認め出すと伊藤公が哈爾濱で狙撃されたと云ふ号外が来た。哈爾濱は余がつい先達て見物に行った所で、公の狙撃されたと云ふプラットフォームは、現に一ヵ月前に余の靴の裏を押し付けた所だから、希有の凶変と云ふ事実以外に、場所の連想からくる強い刺激を頭に受けた。今朝わが朝日所載の詳報を見ると、伊藤公が撃たれた時、中村総裁は倒れんとする公を抱いていたとあるの

で、総裁も同日同時刻に居合せたのだと云ふ事を承知して、又驚いた。

### (2) 原 敬

日本で最初の政党出身の首相・原敬暗殺事件は、1921年11月4日、原敬が何者かに東京駅乗車口（現在の丸の内南口）で刺された事件である。即捕まった犯人は山手線・大塚駅駅員・中岡艮一という鉄道員だったことは皮肉である。中岡の供述によれば、原が政商や財閥中心の政治を行ったと考えていたこと、野党の提出した普通選挙法に反対したこと、また尼港事件の不手際（前任首相の田中義一が、無益な長期シベリア出兵を行っていた間、ニコライエフで多くの邦人が殺害された事件）などに反発して首相暗殺を考えるようになったという。

原敬は翌日に予定されていた京都での立憲政友会・近畿大会へ出席のために、東京駅へ午後7時過ぎに到着した。その後、駅長室に立ち寄り、多数の見送り人に囲まれながら歩いて乗車口の改札口へと向かっていた時、周囲をとり囲んでいた群衆の中から突進してきた青年が短刀を原の右胸に突き刺した。原はその場で倒れ、青年はその場で逮捕された。原に随行していた政友会議員や東京駅長らが、原を駅長室に運び込み応急処置を施したが、突き刺された傷は右肺から心臓に達しておりほぼ即死状態であったという。11月7日、政友会党本部大広間に各界要人や議員や地

**原敬**[1)]

方からの参列者などが参加して、午後8時まで告別式が執り行われた。その後、午後10時発の列車で上野駅を出発、途中駅でも拝礼者などがあり、翌8日の午前10時に盛岡駅に到着して原邸に安置された。

ところが犯人・中岡に対する裁判とその後の処遇が誠に不可思議だったのである。検察側の死刑求刑要求に対して東京地裁、東京高裁、大審院と一貫して無期懲役の判決が出されたのである。しかも一連の裁判は異例の速さで進められ、また調書などもほとんど残されていない。

さらに服役中の中岡にも3度もの減刑がなされて1934年には早くも釈放されただけでなく、戦時中には、比較的安全な軍司令部付の兵となっていたこともあって、本事件の背後に黒い渦が巻いているとの憶測が飛んだ。1921年とはいまだ日本が本格的な軍国主義に入る前であるが、政党政治を窒息させようとする軍部の仕業としか考えられない。

## (3) 浜口雄幸

浜口雄幸内閣は世界恐慌のなか、金解禁政策を断行し、軍国主義の高まるなかでロンドン海軍軍縮条約を締結した。しかもたとえ軍事問題であれ内閣総理大臣が全責任をもって対処すると断言したことも含め、歴史的に見ても浜口は傑出した逸材であった。

浜口が1930年11月岡山県で行われる陸軍の大演習に昭和天皇が行幸するのに付き添うために、自身の国帰りも兼ねて、9時発の特急「燕」に乗ろうと東京駅に向かった。

乗車する一等展望車に向ってホームを移動中、愛国社社員の佐

郷屋留雄に至近距離から銃撃された。弾丸は骨盤を砕いていたが、気丈な浜口の意識はしっかりしていた。駅長室に運ばれて緊急の輸血がされた後、東京帝大附属病院に運ばれた。そこでは腸の一部を摘出する大手術となったが一命はとりとめた。

浜口雄幸[1]

原敬暗殺事件があって以降、首相が駅で列車に乗降する時は一般人の立ち入りを制限していたが、浜口は「そんな規制で一般人に迷惑をかけてはいけない」とこの時はこの立ち入り制限は解除されていた。

またその頃、たまたま同じ列車にソ連大使に赴任する広田弘毅も乗車し、幣原外相以下関係者が見送りに万歳三唱を行っていたので、人びとの耳目はそちらに向いていた。その間隙をぬっての浜口首相銃撃だったのである。

入院中の浜口は1931年1月に退院するが、首相の任務は幣原外相が代理を務めていた。しかし野党・政友会の鳩山一郎らが執拗に浜口の議会への復帰を迫ったので無理をして衆議院にも貴族院にも出席したが、傍目にも浜口の容態は思わしくなく、再入院、首相辞任、そして8月に帰らぬ人になってしまった。

## 7.4 凱旋列車のドラマ

1830年以降鉄道網は世界的に著しく拡大した。それは平和を前提として経済や生活や産業を支えるべきものであったが、近代になっても戦争は起こり、普仏戦争、ボーア戦争、露土戦争、日

第7章 終着駅を賑わせた特別列車 *151*

清戦争、日露戦争、第一次世界大戦、第二次世界大戦、と大規模化していった。

　戦争を遂行するためには兵員や兵器や物資の前線への輸送、退却時の撤収、負傷兵や捕虜の移送、終戦時の帰還などいろいろな輸送目的が生じ、その大半を鉄道が担ったのである。そういう中で鉄道の終着駅は当然、出発地、到着地、中継地という役割を果たしてきた。日清戦争・日露戦争はもう極めて鉄道との係わりが大きく、そこにはロシアが 1901 年に開通させたシベリア鉄道と南満州支線が大きく係わった。

　日本国内で主要幹線を北の方からいうと、青森〜東京間の東北本線（日本鉄道）、新潟〜東京間の信越本線（新潟〜高崎間が官営、高崎〜東京間が日本鉄道）、東京〜神戸間の東海道本線（官営）、神戸〜広島間の山陽本線（山陽鉄道）、門司〜熊本間の鹿児島本線（九州鉄道）が開通していた。ただしこれらの運営主体はこのようにまちまちだったのである。兵員や物資は当然全国から調達されるので、北方からは東北本線や信越本線で一旦東京に集結した後、東海道・山陽本線で広島に送り込み、本州西端、九州、四国からは鹿児島本線（九州鉄道）、山陽本線（山陽鉄道）や船で広島に集結させた。また北海道でも屯田兵の出征に対応して、北海道炭鉱鉄道が軍用列車を運転している。

　ただし東京に集結した兵士たちは新橋駅からではなく青山練兵場に近い青山仮駅から出兵したのである。そのために日清戦争に際して特別に軍用線として三線が建設された。青山練兵場から東海道線に直行できるように日本鉄道の目黒〜品川間から分岐して東海道線品川〜大森間に達す 1.15km の品川西南線は 1894 年 8 月

**日清戦争・青山仮駅からの出征（上）と日露戦争・出征列車の駅通過風景（下）**

に竣工した。官鉄の東海道線は横浜駅でスイッチバック式になっていたので、神奈川〜程ヶ谷間 3.45km にショートカットになる直通線を9月に竣工させている。

　このように広島に集結した兵員や物資がそこから軍艦や船舶で朝鮮に渡るというのが基本的な流れであったのだ。1937年からの日中戦争と1941年からの太平洋戦争は脈絡が強いので「八年戦争」といわれ、これこそ日本最大の戦争であったので、中国大陸や南洋に数多くの兵士が出征した。

　その出征兵士を運ぶ出征列車は全国各地から出発したが、その中には東京駅発、名古屋駅発、大阪駅発など、大都市の終着駅から出発した列車ももちろん最も多かった。この八年戦争は日本の敗戦で終わったので、兵士たちが舞鶴や呉から故郷に戻る復員列車もまた民間人が戻る引揚列車も寂しくまちまちとなった。

　終着駅からの出征列車の勇ましい出立と終着駅への復員列車のわびしい到着が対照的で改めて戦争の空しさを想起させてくれる。

　ただし日本が勝利した日清戦争・日露戦争の復員風景はまったく対照的であった。凱旋歓迎行事は、日清戦争戦勝時においては

第 7 章　終着駅を賑わせた特別列車　153

**東京駅における出征列車**（出所：国立国会図書館所蔵『歴史写真　大正7年9月號』）

**博多駅における復員列車**

（出所：『日本国有鉄道百年写真史』）

　地味なものであったが、日露戦争戦勝時は実に盛大なものとなった。行事には練兵場での解団式、地方出身地での歓迎行事などいろいろあったが、何といっても耳目を惹いたのは、凱旋将兵を乗せた列車が到着する終着駅・新橋駅から、付近に設けられた臨時の凱旋門を潜り、銀座方面に繰り出すものであった。

　この「戦役記念陸海軍歓迎凱旋門」は、東京市参事会が議決して建造したもので、新橋停車場前の広場から新橋方面へ曲がる角にあった。高さ 18m、幅 18m、奥行 8m、木造漆喰塗で夜間は電球でイルミネートされていた。

　東郷平八郎ら海軍の一行は軍艦で横浜に着港し、横浜駅を出た列車は、1905 年 10 月 22 日午前 10 時 30 分、新橋駅に到着した。東郷将軍がプラットホームを出て駅の玄関にたどり着くと、待っていた群衆から大きな「万歳」の声が沸き起こった。

　　　待ち構えたる広場の幾万の大衆は酔えるがごとく狂するがごとく万歳を絶叫し、あるいは抃舞（べんぶ＝喜びのあまり手を打って踊ること）し、帽を打ち振り、手巾（ハンカチ）

を打ち振りたるこのときの盛観、そもこれを何に喩（たと）えん。
――電気鉄道にても土橋際に大竿をたてて各国旗を飾り付けて歓迎の意を表し、対岸なる

**新橋駅に着いた東郷元帥の凱旋列車**

通路もまた軒並みに紅白の幔幕を張り、難波橋上には大国旗を交叉して彩旗をかけ連ねたり。

一方、陸軍の列車は 12 月 7 日午前 10 時 39 分に広島駅から新橋駅に到着。雨の中、道は泥濘となっていたが、新橋停車場の近辺は隅から隅まで一杯の人の山であった。

儀仗兵は式のごとく喇叭を吹奏し、銃を捧げて敬礼を行い、市中各種の楽隊は一斉に奏楽し、一度やみたる万歳の声はこのときをもって再び起こり、しばし鳴りもやまず、その間は大山大将、児玉大将をはじめ一行一同はいずれも皆、馬車の速力を緩うして徐々

**日露戦争・新橋駅凱旋風景**（出所：国立国会図書館所蔵『日露戦役海軍写真帖　第四巻』）

凱旋門を出て、順次宮城指して赴けり

（『陸軍凱旋写真帳』）


こんな日露戦争の凱旋光景を夏目漱石が描いていた。


　　兵士の一隊が出てくるたびに公衆は万歳を唱えてやる。——
——　その中に——年の頃二十八九の軍曹が一人いた。顔は他
の先生方と異なるところなく黒い、髯も延びるだけ延ばして
おそらくは去年から持ち越したものと思われるが目鼻立ちは
ほかの連中とは比較にならぬほど立派である。—— 軍曹も何
か物足らぬと見えてしきりにあたりを見廻している。——
どこをどう潜り抜けたものやら、六十ばかりの婆さんが飛ん
で出て、いきなり軍曹の袖にぶら下がった。軍曹は中肉では
あるが背は普通よりたしかに二寸は高い。これに反して婆さ
んは人並はずれて丈が低い上に年のせいで腰が少々曲ってい
るから、—— 近辺に立つ見物人は万歳万歳と両人を囃したて
る。婆さんは万歳などには毫も耳を借す景色はない。ぶら下
がったぎり軍曹の顔を下から見上げたまま吾が子に引き摺ら
れて行くと冷飯草履に鋲を打った兵隊靴が入り乱れ、もつれ
合って、うねりくねって新橋の方へ遠かって行く。

（夏目漱石『趣味の遺伝』）


　凱旋者は将軍と兵士に分かれ、出迎え者も各々の階級の家族や
関係者に分かれていることがよく分かる光景である。そのなかで
漱石の眼に焼き付いたのは誠実そうな一軍曹を迎えに来た田舎臭

い老婆が相もつれて遠ざかって行く光景だったのだ。

　特別列車は非日常的な運行で、その乗降客は特別な偉人である場合が多い。終着駅頭での悲劇も偉人であったからこそ大事件になったのである。

　しかし一方で運命も知らずにタイタニック号の乗客を乗せたボート・トレイン、将軍だけでなく大勢の一般兵士を乗せた出征列車や凱旋列車、気の毒にも空しかった学徒出陣列車、虚脱した引揚列車の到着などの特別列車もあったのである。

# 第8章　終着駅の戦後と現代

## 8.1　終着駅の戦災と復興

### (1) 戦後ドイツの終着駅

　戦争は多くの死傷者と破壊をもたらし、大きな爪痕を残す。鉄道も大きな被災を受けるが、その後、線路は復旧され、車両も更新されてやがてその爪痕は消えてゆく。しかし大都市の終着駅が大きく被災した場合の復興は大変であった。

　街のシンボルである終着駅の駅舎を何とか戦前の姿に忠実に再現復興される場合と、復元を諦めて、一新してまったくモダンな建物に建て替えられる場合があった。第二次大戦中に交戦国になった国でも、アメリカには一切被災はなく、イギリスも大袈裟にいわれるほどのことはなく、フランス、イタリア、スペインなどでも然りで、これらの終着駅の駅舎は戦前建てられたままの威容を誇っているケースが多い。

　ところが最も激しい爆撃を受けたドイツの大都市の終着駅の被害は大きく、戦後の修復の仕方は大きく2つに分かれる結果となった。まずベルリンの終着駅を見てみよう。

　戦前のベルリンを書いた本を読むと、訪独した日本人がベルリンで下車する終着駅として「アンハルト駅」という言葉が頻出するが、その他の駅名はほとんど聞かないほど、そこが中心的な終着駅であったようである。「アンハルト」とはザクセン・アンハルト州という意味であるが、ドイツ語で「止まる」という意味に

もなるので、まさに「終着駅」という名の終着駅だった。この駅はベルリンを発着する国内列車や国際列車が発着するまさに中心的終着駅だったので、終着駅がいろいろ分散するロンドンやパリや、モスコーとは様子が大分異なっていたのである。

したがって日本人でも多くの留学生、商社マン、駐在武官、新聞社の特派員、大使以下の外交官も皆この駅に発着していた。1936年のベルリン・オリンピックへの参加選手も関係者も然りである。第二次世界大戦中は欧米の主要諸国に駐在していた日本人は基本的に1939年〜1940年に交換船で帰国したが、日独同盟の相手国のドイツやドイツが短期間で占領してしまったフランスには邦人駐在員が踏ん張ったのである。ナチス・ドイツは1939年9月〜1941年6月の間、独ソ不可侵条約を結び表面的な蜜月関係が続いていた。そんな1940年11月にソ連のモロトフ外相がベルリンを訪問した時の市民の熱狂ぶりを日本の共同通信の所長が書き残していた。


　　一九四〇年十一月十二日に、ソ連外務人民委員モロトフの二日間のベルリン訪問が行われた。到着するアンハルター駅から、宿舎になるウンター・でデン・リンデン大通りのソ連大使館に至る道筋は、独ソの国旗で華々しく飾られて、大歓迎ぶりを表示していた。駅頭にはナチス党員服に身を固めた正装のリッペントロップ外相をはじめ要人多数の歓迎陣の出迎えである。われわれ外人記者の少数の代表も、特にこの場に招かれて歓迎ぶりを参観することになった。

(江尻進『ベルリン特電』共同通信社)

この時の乗降した終着駅がアンハルター駅で、その後1941年3月に日本の松岡洋右外務大臣がベルリンを訪問した時も同じようにナチス演出の歓迎がなされたが、この時もアンハルター駅が使われた。

ヒトラー・松岡会談[1]

戦前のベルリンの最大の繁華街だったポツダム広場から目と鼻の距離にあったアンハルター駅は、当然ながら戦争で壊滅的な被害を受けた。戦後の混乱期、応急処置をしてそれでも何とか使われ続けたが、1952年には完全に運用を停止し、1959年に正面の一部壁を残して爆破された。

その後紆余曲折があったが、ベルリンの壁の崩壊後、現在のベルリンの終着駅の中心は「ベルリン中央駅」に移っている。ここには長距離列車のほか、近距離列車、Sバーン、Uバーンも発着し、まさに、文字通り鉄道のセンターになっている。この新駅は東西ドイツ統一後に建設され、2006年に開業した。外観はガラス張り地上3階、地下2階の5階建てで内部は大きくやや複雑である。

戦前のベルリン・アンハルター駅[1]（左）　現在のベルリン中央駅[1]（右）

重厚な駅舎で頭端式ホームのアンハルター駅は、今や超モダンな駅舎と通過式ホームを持つベルリン中央駅へと180度転換して生まれ変わっているのである。

フランクフルト中央駅

　ベルリン以外のドイツの大都市の終着駅も大戦中の空爆で壊滅的に破壊された所が多い。戦後東西両ドイツに分かれていたがどうなったであろうか。それらは戦前の旧駅の設計図や写真を頼りに復旧されている駅と、戦後の変哲のない建物に建て替えられた駅とに分かれるようである。詳細は省くが、懸命に昔通りに復元された終着駅は、フランクフルト、ハンブルグ、ライプチヒ、ドレスデン、ニュルンベルクなどの中央駅、復元を諦めてその時々の現代風に建て替えられたのが、ケルン、ミュンヘン、ハイデルベルクなどの中央駅のようである。

## (2) 戦後日本の終着駅

　日本の主要終着駅の駅舎は太平洋戦争中の空爆でも大きく破壊された駅は少なかった。欧米の諸都市と違い木造建築の多い日本に対してアメリカ軍は爆破するための爆弾より延焼させるための焼夷弾を多用したためであろう。そのため上野駅（1932年建造の2代目）、両国駅（1929年建造の2代目）、横浜駅（1928年建

造の3代目)、名古屋駅(1937年建造の3代目)、京都駅(1914年建造の2代目)、大阪駅(1940年建造の3代目)の駅舎は焼け残り、若干の手入れで戦後も使い続けることができた。ただ京都駅は1950年に火災が起きて全焼し、1952年に3代目が建造されてその後1997年まで使われてきた。

ところが、アメリカ軍は早期終戦のためには首都・東京は徹底的に締め上げようとの戦略であったので、東京駅に対しては爆弾投下を行った結果、大きく破壊された。しかし日本も戦争直後から日本の表玄関の復興には注力したので1947年にはほとんど駅舎のすべてを復興させた。南口と北口の両端建屋の丸屋根ドームこそ簡易的な三角屋根になったり駅舎やホテルの一部を縮小したりするなどはあったが2012年に完全修復されるまで、何とか面目を保って頑張ったのである。

## 8.2 文化遺産としての終着駅

戦後、充分に平和になってからも終着駅の、特に駅舎についてはいくつかの重要な問題が起こっている。前述したように欧米では19世紀や20世紀初頭に建造された終着駅でも十分豪華壮大で、そのまま戦後もずっと使われてきた所が多いが、老朽化や、また効率化によって、壊されて建て直されたケースである。その当時は当然のことと受け止められ、敢えて抵抗はなかったが、20世紀も押し詰まって来ると「文化遺産の維持保存」という声が高まって問題化したのである。

## （1）ユーストン駅舎

　まずはロンドンに 1837 年に建てられたユーストン駅舎は、世界中の大都市の終着駅の中ではまさに最古であった。ロンドン＆バーミンガム鉄道の終着駅として開業した時のプラットホームは 2 面しかなかったが、駅舎は肝いりで古典主義建築家フィリップ・ハードウィックによって設計され、高さ 22 メートルのドーリア式の門が最前列に構えた。

　駅の利用者が急増したため 1849 年にはホームも駅舎も拡張工事が行われ 1892 年にはプラットホームは 15 面まで増えたが、駅舎の骨格は創業時の姿が保たれた。しかし 1960 年代初頭、この駅から発着するウェスト・コースト本線が電化されることになったのを機会に、旧駅舎はもはや時代遅れで建て替えの必要があると判断された。

　ブリテン島の西海岸に沿ってロンドン〜グラスゴー間を走るこの路線は、日本の東海道本線のようにイギリスの最重要幹線であるから、よけいに老朽化や効率化という問題が大書されたのであろう。さすがに当時でも駅舎に郷愁を感じる人も多く反対運動が起きたが計画が承認された結果、1962 年から旧駅舎の取り壊しが始まり、1968 年にエリザベス女王臨席の下、新駅舎が完成した。

　しかし実際に新駅舎ができてみると、その寒々とした 1960 年代の建築様式はまったく評判が悪く、「従来の印象的な建物に対する醜悪な冒涜」、「偉大なビクトリア時代の終着駅から、60 年代の安っぽい駅へ」「ロンドン中心部に於ける最悪の終着駅」などと酷評されることになった。

　2007 年 4 月、40 年経ったこの建物を取り壊し、新しいターミ

ナルを再建築することが発表された。この地域を 10 億ポンドで再開発するにあたり、その 4 分の 1 をユーストン駅建て替えに充てるもので、プラットホームも現在の 18 面から 21 面に増える。こういったキャンペーンが高まった結果、1966 年に一旦取り壊しが検討されたゴシック様式のセント・パンクラス駅は生き残り、2007 年には大陸への高速ルートの終着駅として再整備された。

　ユーストン駅舎の取り壊しは、1964 年のニューヨーク・ペンシルベニア駅の取り壊しとよく対比される。この駅は鉄道斜陽のアメリカにおいても 1 日当たり約 600 本もの列車が発着する全米第一の終着駅であったが、やはりロンドンのユーストン駅と同様に 1960 年代に、大きな威容を誇っていた駅舎が変哲もないコンクリートの塊に変わり、大きな反響を呼んだのである。

　前述したようにペンシルベニア鉄道がハドソン河を河底トンネルで横切りマンハッタンに乗り入れた 1910 年にはギリシャ神殿のような壮大な駅舎が完成し、ヨーロッパ以外では最大級の荘厳な駅であったが、戦後ハイウェイや航空路線の広がりに伴い、鉄道利用者が激減したペンシルバニア鉄道は赤字を埋めるためにマンハッタンの一等地にある駅舎を建て替えることにした。反対運動が起こったが 1963 年に解体は実行された。新駅舎は不動産ディベロッパーとの共同プロジェクトでマディソン・スクエア・ガーデンと共有の建物になった。

　一方、駅内では切符売り場やインフォメーションセンター、待合室なども現代的に改装されたが地下のプラットホームだけは創建当時の薄暗い状態のままである。1837 年に建てられたロンドンのユーストン駅とは異なり 1910 年に建てられたペンシルバニ

ア駅舎はまだまだ十分使用に耐えられるものであったが、鉄道運営の採算上の理由であった。この点戦後鉄道が国有化されていたイギリスといまだ鉄道が民営のアメリカの違いが反映してもいたのである。

### (2) グランド・セントラル駅、ペンシルベニア駅

ニューヨークでも駅の建替えが歴史的建築保存運動が高揚するきっかけになり、その後グランド・セントラル駅でも建替えの話が起きると反対の声が高まった。この駅はマンハッタンにあるもうひとつの終着駅で、発着する線路はすべて地下を通っているため、44面67線の広大なプラットホームは全て地下にある。戦前アメリカの鉄道はピーク時では42万キロも張り巡らされ、全て私鉄で運営されていた。

このなかでも抜きんでていた大手私鉄がニューヨークに乗り入れしていたニューヨーク・セントラル鉄道（NYC）とペンシルベニア鉄道（PRR）であった。ニューヨーク～シカゴ間ではNYC

**20世紀特急**
(出所：『Classic Railroad Advertising』)

**ブロードウェイ特急**
(撮影：Dan Hale, コレクション：Jay Williams)

は「20世紀特急」、PRRは「ブロードウェイ特急」を同じ16時間で走らせ競っていたが、どうも前者の方に人気があってリードしていた。この華やかな両特急列車もニューヨークの終着駅では薄暗い地下ホームに発着していたのである。

ところが戦後のアメリカでは鉄道の凋落が著しく、大手私鉄でも経営が苦しくなって合併や経営統合が起こってくる。その波の中で両社は合併し「ペン・セントラル鉄道」になった。この時点で経営余力はPRRの方が多少上回っていたようでこちらが主体の経営統合となった。

その後、旅客輸送の凋落はさらに進み、長距離旅客列車はどの私鉄でも運行が不可能となって「アムトラック」という国営の運営会社に任せることになってしまい、「ペン・セントラル鉄道」は倒産した。したがって現在長距離旅客列車は旧来の私鉄路線上をアムトラックの運行する列車が走り、貨物列車はいまだペイする私鉄が自社で運行しているのがアメリカの鉄道の実情である。

こんな流れの中でペンシルベニア駅は変哲のない駅舎に建て替えられてしまったが、グランド・セントラル駅は幸い取り壊しを免れ壮大な建物はそのまま健在である。ただアムトラックの運営する北東回廊の特急列車「アセラ」（ボストン〜ニューヨーク〜フィラデルフィア〜ボルチモア〜ワシントン）やニューヨーク〜シカゴ間の特急は全てペンシルベニア駅を発着し、グランド・セントラル駅は近郊電車の発着に特化している。

## 8.3 終着駅の廃駅と荒廃

国土の広い大陸国家の中で19世紀以来先進国の仲間入りして

いるのはアメリカだけである。一方、鉄道が陸上交通の王者として儲かった、いわゆる「鉄道の時代」はおおよそ1850年〜1950年の1世紀間である。この期間にアメリカの鉄道総延長は1916年の42万キロをピークとするが1950年時点でいまだ36万キロを維持していた。

しかしこの辺りから自動車とハイウェイの完備、国内航空路の伸長が著しく、そうなると国土の広いアメリカでは鉄道利用者が激減して、つるべ落としの状況に陥ってしまった。当然、長距離移動は飛行機に、短距離移動は自動車に代替されていったからである。アメリカでは鉄道の短距離運行でも日本と違って列車便数が少なかったから利用者にとって大変不便であった。

アメリカでは全鉄道が民営であったため、1960年代に入ると特に旅客輸送が多い大手鉄道会社の経営が一挙に悪化し、採算性が特に悪い旅客列車の運行は困難となっていった。この事態に連邦政府は、鉄道旅客輸送を民営の鉄道会社から国営の公社に移す事が決め、アムトラックを1971年に設立した。ただし民営だった鉄道旅客輸送をそのまま全部アムトラックに移管することはとても困難なので、運行線路延長では35,000キロ程度に絞られた。運営効率がましな大都会同士を結ぶいわゆる重要幹線を基軸に、鉄道地図で見た場合、全米を何とか満遍なくカバーするような路線網、若干の国防的要素も加味されての結果であった。

ところが1980年代に入ると国内航空網が南西部を中心にさらに広がり、一方格安航空会社の出現もあって、鉄道長距離路線の運営がさらに打撃を受けた。そのためアムトラック発足以来現在に至るまで、その運営はずっと連邦政府や州からの財政援助に頼

り続けている状況なのである。

　こういう歴史的経緯の下で、見た目にも一番目立つものは鉄道の廃線跡、廃駅跡で、この光景はアメリカ全土で数多見られる。これに該当するのはもちろん旅客の少なかった地方の閑散路線が最たるものであるが、かなりの中都市周辺でも見られる。加えて痛ましくも目立つのが大都市の豪壮だった終着駅の廃駅や荒廃である。「鉄道の時代」にあっては、全米の大都市では複数の立派な終着駅を有していたが、旅客列車の運行がアムトラックだけに絞られ、しかも1日1便程度になってしまうと、その都市にはもう終着駅はひとつで十分で他の終着駅が不要になり廃駅になってしまう。このようなケースですらかなりの数に上るようであるが、典型的な例としてよく話題に上るのがバッファロー中央駅、ミシガン・セントラル駅、ナッシュビル駅、ルイスビル駅などである。

　もう半世紀も前から、アメリカのもの造りの停滞や工業都市の衰退・荒廃はよく語られ、その地帯を「Rust Belt」とも表現されてきた。その中でも最も典型的なのが全米最大の自動車産業の町だったデトロイトの衰退である。この都市で中心的な終着駅は「ミシガン・セントラル駅」といって1913年に18階建ての駅舎が建設された時は「世界で最も高い駅舎」として話題になり、1975年には「合衆国歴史登録財」にも指定されたものである。

　1971年以来アムトラックもここを使ってきたが、列車数から見ても豪壮な駅を持て余したようで、1988年にもっとこじんまりした新しい駅ができて、そちらに移転した結果、この駅の機能と営業が終了した。

　その後はこの駅舎の転用も解体もままならず廃墟化してゆく中

2009年にデトロイト市議会は取り壊しの決議を行った。そこへ幸か不幸か2013年にデトロイト市が財政破産して事が進まなくなったところへ、歴史的建造物の保存運動や機運が高まり、2018年にフォード社が駅舎を買収、復修・改修して今後、自動運転や電気自動車の開発拠点にすると発表した。

　バッファローはナイアガラ観光の至近都市として有名であるが、戦前は製鉄、製粉、化学、電器、機械産業を持つ有数の工業都市であった。しかし、戦後はデトロイト同様、その地位は低下している。最盛期の1929年に完成したバッファロー中央駅は17階建てのアール・デコ調の駅舎でニューヨークのセントラル駅と同じ設計家によって建てられている。しかしアムトラックはここも使わなくなって1979年に閉鎖されてしまった。それ以来廃墟状態になったが、今は非営利の保存団体によって辛うじて管理されている。

　これ以外にもアメリカの中都市、小都市、田舎で廃駅になった駅の数は膨大な数に上るはずである。なぜなら今アムトラックが運行する路線延長がたった34,000キロでそのために営業している駅数が約500駅といわれている。ところが1916年の鉄道最盛時にはアメリカの線路総延長は42万キロに達していたのであるから駅数も5,000駅以上はあったはずで、これだけ見ても最低4,500駅は廃駅になっ

**廃墟のバッファロー駅**[1]（撮影：Adam Moss）

ているのである。線路延長だけでなく列車の運行本数もずっと少なくなってきているのだから、現在一応アムトラックが営業している駅であっても、1日1本しか列車の発着がない駅も多いはずで、大都会の終着駅でも往年に比べれば、間違いなく発着する列車本数がずっと減少しているはずである。そうなるとワシントン・ユニオン駅やシカゴ・ラッサール駅など遠見の外見だけはあたかも最盛時と変わらないように見えるが、駅舎内部に入ればほころびが目立つはずだし、その他終着駅で寂れ、荒廃し治安も悪化している所はかなり多いはずである。

終着駅の廃駅・荒廃現象はアメリカに於いて圧倒的に顕著で目立つが、中小駅に限っていえばイギリス、フランス、ドイツなどのヨーロッパ主要国でも日本ですら数多見られる現象なのである。ちなみに表8.1の4か国の鉄道総延長距離が最も長かった最盛時と近時と比較して廃線率を見ると、イギリスとアメリカでは50％、フランスと日本でも30％前後と非常に高い。

こういう廃線や廃駅の著増は、民営だとどうしても収益性追求が公益性追求を凌駕してしまうからで、それを阻止するには国営

**表 8.1　鉄道総延長距離と廃線率**

|  | イギリス | フランス | アメリカ | 日本 |
|---|---|---|---|---|
| 最盛時 | 32,707<br>(1920 年) | 42,400<br>(1930 年) | 406,915<br>(1920 年) | 27,902<br>(1960 年) |
| 最近時 | 16,454<br>(2008 年) | 29,213<br>(2008 年) | 205,000<br>(2000 年) | 20,051<br>(2000 年) |
| 廃線率 | 50% | 31% | 50% | 28% |
| アムトラック |  |  | 34,000<br>(2000 年) |  |
| 廃線率 |  |  | 92% |  |

化に戻すか、上下分離（車両という上と、線路・施設・駅という
下に二分）させて上は民営、下は国営にするしかないであろう。

　いずれにせよ廃線率に応じて廃駅率も高いことは当然である
が、廃線は収益性の低い地方の閑散路線から実施されるので、廃
線によって廃駅になるのは小都市や地方の中小駅で、大都市の終
着駅が廃駅になることは滅多にない。ところがアメリカで旅客路
線だけで見ると廃線率は一挙に92％と抜群に高く、それゆえ地
方や小都市の中小駅はもちろん、中都市にかなり大きな終着駅、
果ては一部大都市の終着駅にも及んでいるのである。

## 8.4　貨物終着駅の変転

　旅客の終着駅がこのように戦後大きく変転したように貨物の終
着駅も大きく変転した。戦後アメリカでは鉄道の旅客輸送はまっ
たく衰退してしまったが、貨物輸送はトラックや内航船と張り合
って十分活発でまだ全米の路線で動いている。

　鉄道の後発国・中国でも最近は旅客高速意鉄道が大躍進してい
るように鉄道貨物輸送も増大傾向にある。すなわち、アメリカ、
中国、インド、ロシアなどの広大な大陸国家では鉄道貨物の位置
付けはいまだ重要で拡充傾向にある。それに引き換え、鉄道の先
発国ながら国土の狭いイギリス、フランス、ドイツ、日本などで
は貨物の輸送距離が短いので、鉄道はどうしてもドア・ツー・
ドアのトラック便に蚕食され、鉄道貨物は戦前よりずっと縮小し
てしまっている。いずれにせよ、世界中を通して鉄道貨物輸送の
コンテナ化の趨勢は著しく、特に狭小な先進国ではコンテナ化率
の比率も高い。

第 8 章　終着駅の戦後と現代　　*171*

　　　旧梅田貨物駅[1]　　　　　現在の大阪貨物ターミナル[1] 撮影：Ras

　その結果、日本を見ると、貨物取扱い駅数は激減し、残った貨物駅、特に大都会の貨物終着駅は今やコンテナ駅へ変容している。そうなると、以前は貨物ホームがあって貨物の積み降ろしを行っていたのが、今はホームがなくなり（ホームの高さがなくなり）広大なコンクリートで舗装された平面にコンテナ列車が発着する。コンテナ・トラックもその平面に入り込み、大型フォークリフトないしクレーンでコンテナの積み降ろしを行う。したがってこんな作業を妨げる屋根は一切なく完全な屋外である。昔は旅客駅の脇に貨物駅があって貨物の積み降ろしは大都市ではともかく、中小都市では目にすることができたが今はまず見る機会がない。大阪の貨物の終着駅として旧梅田貨物駅と現在の大阪貨物ターミナルの俯瞰写真を比較して貰えばこのことは瞭然である。

# 第9章　終着駅の文化

## 9.1　終着駅を描いた絵画

　「終着駅の文化」というと、どんなものを取り上げるか、客観的基準は求め難く、人によってかなりまちまちの主観的にならざるを得ない。ここで、終着駅についてここまで書いてきた著者の全体の脈絡に沿って思い入れで書かせて貰ってもよいであろう。とかく際限なくなりそうなところを、ぐんと凝縮させて頂きたい。

　まず筆者が旧身を抱くのは終着駅を描いた絵画である。

### （1）ウィリアム・フリスの描く終着駅

　鉄道を描いた画像というと、最初は、通常の絵画として描かれるよりも、むしろ鉄道会社の宣伝のためにイラスト、版画、スケッチなどに描かれたようである。この種の画像が 1830 年〜1850 年の初期の 20 年間は、リトグラフを中心に合計 2000 点にも達したといわれる。そこには鉄道会社が、汽車旅行にまだ不慣れな人びとに対して不安を取り除き、汽車旅を魅力的に見せようとする意図が込められていた。したがってこれらの画像には当然、豪華に造られた終着駅は格好の被写体であった。特にホームを覆う大きなガラス張りのドームの下で、興奮気味に荷物をいじりながら楽しむ旅行者の姿などが描かれていた。

　19 世紀半ばを過ぎると、ようやく画家たちによって終着駅の光景が本格的絵画のテーマのひとつになっていった。ウィリアム・

第 9 章　終着駅の文化　　173

終着駅の写実描写　ウィリアム・フリス「鉄道駅」[1]

フリスはいろいろな場面でダイナミックに集まり動き回るイギリスの群衆を好んで描いた。1862 年に描いた「鉄道の駅」はパディントン駅の大きなドームの下のホームで到着した列車から降りる人たち、荷物を抱えている人たち、出迎える人たちでごった返す情景をいかにも現場の喧噪と騒音が聞こえてくるような筆致で描いている。その画風は古典的写実派に属するのであろうが、ドイツ・ロマン派の如き情熱も感じられる。

## (2) モネの描く終着駅

　フリスと対照的な被写体や画法が見られるのは、モネが描いた一連のサンラザール駅および界隈の油絵であろう。彼はフランスの西部鉄道の沿線が故郷であったので、1877 年にパリに出た時に初めて到着した終着駅がこのサンラザール駅であり、この駅こそ彼を迎えたパリの玄関口だった。

　パリで絵の勉強を始めたモネをまず画材として惹きつけたのはこのサンラザール駅そのものであった。当時は列車や施設や終着

駅などの鉄道関連を描くことは場合によっては軍事機密として煩かった。そこでモネは一番よい服を着てサンラザール駅長に面会を求めて絵を描く許可を貰いに行った。彼の熱心さと腕の確かさを見た駅長はそのような許可だけでなく、モネにだんだんと絵を描く便宜を与えてくれた。時には機関車は止められて改めて発車させられたり、写生の邪魔になる人たちをのかせてくれたりであった。

　モネは駅の付近に絵を描くための部屋を借りて、何か月も同駅の連作の製作に取り組んだ。この連作のうち12点が残っており、そのうちの7点を第3回印象派展に出品している。

　フランスでは1832年に鉄道が開通して以来、鉄道の延伸は目覚ましく、1870年代には総延長2万キロを超えてどんどん伸びていた。だからパリの終着駅の光景は文明の最先端を象徴するものであったのだ。ホームを覆う高い天井のドームはガラスが張られ、外から差し込む光が季節により、時刻により微妙に変化する。そこへ蒸気機関車が吐き出す煙や水蒸気が立ち上り何ともいえない光の陰影を演出していた。そんな雰囲気を伝えるには当時はやりの印象派の画風が最も向いていたのではなかろうか。

　モネらのフランス印象派には実はイギリスのターナーが大きな影響を与えたといわれており、ターナー作『雨、蒸気、速度—グレート・

モネ「サン＝ラザール駅、列車の到着」[1]

第9章　終着駅の文化　*175*

ウェスタン鉄道』はテムズ河を渡って近づいて来る列車がまるで
もやけた影絵を見るように描かれている。

## （3）日本で描かれた終着駅

　日本では、鉄道の開通時に、また、その後もしばらく西洋流の
油絵そのものが普及していなかったが、当時の鉄道や終着駅の情
景は主に錦絵で描かれ、新橋駅や上野駅や品川築堤を行く列車な
ど、かなり多くの作品が見つかる。しかしその後も現在に至るま
で鉄道や終着駅を描いた本格的絵画は少なく残念なことである。
鉄道を描いた画家としては『夜汽車』を描いた赤松麟作や『機関
車庫』や『田端変電所』などを描いた長谷川利行らが出色であろ
うが彼らは終着駅を描いてくれていない。それでも探してみると
東京駅を描いた絵画が3つ見つかった。

　1931年に望月晴朗が描いた『同志山忠の思い出』はアナーキ
ズム詩人から労働運動家になった山本忠平が、東京駅の北口ドー
ム下であろうか、資本主義打倒の演説を行っている光景で、単に
プロレタリア画家の一画と見過ごせない迫力と抒情に溢れてい
る。

　1932年の桜田精一の『東京駅』は、戦前の東京駅南口を印象
派風に描いた作品でやはりここだけは絵になる終着駅だったので
あろう。終戦直後の1946年に伊藤善の描いた『東京駅（爆撃後）』
は中央口の惨状を写実風に写していて史実的価値は高いであろ
う。前述したようにこの翌年の1947年に東京駅は最低限の風情
にまで復修されたのだから、感心してしまう。最後に1935年に
木村荘八の描いた『新宿駅』は戦前の新宿駅コンコース内の人び

との往来を写している。コンコースの天井は粗末な木材と鉄骨で造られ、東京駅や欧米の終着駅に及びもつかないが、そこに蠢く和装の人びと、洋装の人びと、

「新宿駅」戦前の新宿駅構内（木村荘八、1938 年）

レトロな広告などがいかにも戦前の終着駅の風情を生き生きと伝えている。

筆者は近年、欠かさずに「日展」を見ており、鉄道が描かれている絵葉書を必ず買うようにしているので、ちょっと貯まってきた。しかし改めてそれらを見ると、鉄道車両、車庫、田舎の駅などを写実的に描いているが、衝撃的で心惹かれるものはないし、大都市の終着駅を描いたものは残念ながら見つからない。欧米に比べて駅舎の壮大さも、それから高く大きくガラスで覆われ、頭端式ホームが何本も並ぶトレイン・シェッドも日本にはずっと不在なので、日本の終着駅は画材になり難かったのであろうとは十分推測される。

## 9.2 文学作品に見る終着駅

さて今は死語になっている「洋行」とは、『広辞林』で引くと唯「欧米に行く事」と素気ない。ただし筆者は「戦前、欧米の進んだ文明を見聞・体験する必要がある限られた人びとが欧米に渡

第9章　終着駅の文化　*177*

った事」という、いわば固有名詞として解釈している。萩原朔太郎が「ふらんすへ行きたしと想へどもふらんすはあまりに遠しせめて新しき背広をきて　きままなる旅にいでてみん」と詠っているように一般国民には縁のない憧れの旅が洋行であった。そして鉄道でその洋行ができたのである。

　今は日本の鉄道時刻表には国内の列車しか載っていないが、戦前は東京～ベルリン間の鉄道時刻表も印刷され、連絡切符も売られていたのである。国際航空網がなかった当時、日本からヨーロッパに往くには三つのルートがあった。一つ目は欧州航路、二つ目はアメリカ経由（北米航路～北米大陸横断鉄道～大西洋航路）、そして三つ目が欧亜連絡鉄道ルートであった。この鉄道ルートが東京～（東海道・山陽線）～下関～（関釜連絡船）～釜山～（朝鮮鉄道）～安東～（満鉄）～ハルピン～（東支鉄道）～満州里～（シベリア鉄道）～モスクワ～（欧州鉄道）～バルリン、パリ、ロンドンというものであった。これら三つのルートの日本～欧州間の所要日数はおおよそ各々40日、25日、15日といった按配で、鉄道ルートが断然速かった。

　この壮大な陸路は満鉄初代総裁・後藤新平の発想と努力により1908年から欧州各国やロシアに働きかけ、1910年に実現したものであった。ただしロシア革命や第二次世界大戦によってシベリア鉄道から外国人が締め出された時期もあったので、このルートの使えた時期は断続したが、1936年のベルリン・オリンピックの日本選手団や応援団が大勢の見送り客に送られて東京駅を出発して旅立った光景は新聞の一面を飾った。

　しかし正直いうと、この陸路は大方の旅行者からはとかく敬遠

されたのである。それは風呂にも入れない2週間が続き、値段が高いのに食堂車のメニューはまずく、単調なシベリアでの昼夜が繰り返される。ソ連のビザ取得には時間がかかる。北満州の治安が悪くて匪賊が列車を襲うこともあった。だから、運賃は高く、日数がかかっても豪華船でのんびりと寛げる船旅の方に客が流れたのである。

満鉄総裁の後、日本に戻り、鉄道院総裁に就任した後藤新平はさっそく1912年に東京〜下関間に1・2列車という一二等だけの豪華特急を運行させ、これが1930年の特急「富士」に継承された。この国際列車の専務車掌は「シェフ・ド・トラン」という腕章を巻き英語が話せたし、この列車を宣伝した英語のポスターも作られた。東京〜神戸間を走った特急「つばめ」が国内のビジネス特急であったのとは対照的に、この列車は欧亜連絡ルートに組み込まれた特急列車だったのである。

こんな国際列車に乗って、終着駅・東京を出発した体験と、到

**欧亜連絡ポスター（左）と欧亜連絡切符（右）**（出所：『日本国有鉄道百年写真史』（右））

第9章　終着駅の文化　*179*

着した体験をひとつ、名作二作でご紹介しよう。

　ひとつは谷譲次の『踊る地平線』で、ユーモアを売りにした世界漫遊記である。彼が1927年には中央公論社の特派員として、夫婦で1年3か月に及ぶヨーロッパ旅行に出かけたのである。この旅行のルポルタージュが『踊る地平線』であり、次に引用するのは東京駅から出立する冒頭部分であるが、もう作者の抑えきれない興奮が伝わってくる。


　　がたん！と云う一つの運命的な衝動を私たちの神経に伝えて、午後九時十五分発東駅発下関行急行は、欧亜連絡の国際列車だけに、ちょいと気取った威厳と荘重な内にその車両の廻転を開始した。ばんざああい！では大きな声で「さよなら！さよなら！」そしてまた「ばんざあい！」この爆発する音波の怒涛。燃焼する感激。立ち上る興奮と人の顔・顔・顔。そして夜のプラットフォームに漂う光線の屈折　それらの総合による場面的効果は長い長い行程を前に控えている私たちの心臓をいささか民族的な感傷に甘えさせずにはおかない。彼女が贈られた花束を振り、私がこの刹那の瞬間を長く記憶しようと努力している内に、汽車は自分の任務にだけ忠実に、急行だから速い。
　　――ぼうっと赤い東京の夜空とともにすぐ消えて、代りに私はそこに世界地図の上を這い廻る二足の靴を想像する。――「東京－モスコウ」と朱線の入った黄色い切符を示した時、ちょっと儀式ばって善き頬笑みともに鋏を入れてくれた改札係の顔。とにかくこれが当分のお別れであろう日本の春

の夜を、汽車は今狂女のように驀進している。下関へ、ハル
ピンへ、モスコウへ、伯林へ、やがてロンドンへ。彼女も眠
れないと見えて、下の寝台で寝返りを打つのが聞えた。

（谷譲次『踊る地平線』）

　もう一作。横光利一はヨーロッパを舞台とした新聞連載小説の
ネタ集めとベルリン・オリンピック観戦記を書く条件で1936年
2月〜8月の半年間、ヨーロッパへ毎日新聞より特派された。そ
して8月にベルリンからシベリア鉄道経由の欧亜連絡ルートで帰
国している。果たして彼の欧州見聞を下地とした長編小説『旅愁』
の連載が1937年から始まった。この小説の前半部はある日本人
男女のパリの生活であり、後半部は帰国後の2人の交信によって
構成されている。そして第一部の最終章で、欧亜ルートでやっと
下関に着き、特急の展望車で終着駅・東京駅に安着する光景が描
かれていた。

　　東京行きの出るまでには、まだ一時間半もあったので、彼
　は山陽ホテルで休息している間に東京の自宅に電報を打っ
　た。上りの汽車に乗ってからも、── その夜は続いた睡眠の
　不足で矢代はすぐ眠くなったが、寝台を取り忘れていたので、
　展望車の椅子にそのまま、うとうととした。── 目が覚め
　た時もう朝になっていた。── 彼は車窓から乗り出すよう
　にして、一見したところ、自分の国は世界で一番無頓着そう
　に、にこにこした、幸福そうな国だと思った。そのうちに、
　── 汽車が停まって矢代はホームに降りた。最後の車の

ため、人込みから離れた端れの柱の傍らで、夏羽織の背の低い父の姿がすぐ彼の目についた。　父は暫らく矢代を見つけなかったが、彼の方から片手を上げて父の方へ歩いて行くと、父は「あっ」と口を開き、そのまま無表情な顔で近よって来た。その後から、見えなかった母が小走りに追って来た。矢代は父の前で黙ってお辞儀を一度した。非常に丁重なお辞儀をしたつもりだったのに、妙に腰が曲がらず軽くただ頭を下げただけのような姿になった。

（横光利一『旅愁』1937 年作）

　横光利一は川端康成、今日出海らとともに「新感覚派」を結成しその旗手といわれた。「通俗小説にして純文学」であることが小説の真髄であると彼は提唱した。明治以降の自然派や白樺派の小説は大半が狭い世界の中で動く私小説の域を出ていないことに反発し、世の中に広く跨るストーリー性を追求した。その利一がストーリー性に純文学性を付与しようとして最もエネルギーを費やした長編小説『旅愁』は彼の代表作といわれているが、文明論議が空転を続けている。彼が求めた体系性と論理性は彼の最も不得意な分野であったようだ。それでも 1930 年代の読者は、恵まれた洋行者のパリの生活が新聞連載小説となったので、夢を見たくて毎日熱心に読んだのであった。

　国際的だった東京駅から次は純国内的な上野駅に移りたい。そこを描いた太宰治の『列車』で、彼はとても鉄道に詳しかった。

　　一九二五年に梅鉢工場と云う所で拵えられた C51 型のそ

の機関車は同じ工場で同じ頃製作された

　三等客車三両と、食堂車、二等客車、二等寝台車、各々一両ずつと、他に郵便やらの貨物三両と、

　都合九つの箱に、ざっと二百名からの旅客と十万を越える通信とそれにまつわる幾多の胸痛む物語とを乗せ、雨の日も風の日も午後の二時半になれば、ピストンをはためかせて上野から青森へ向けて走った。時によっては万歳の叫〇で送られたり、ハンカチで名残を惜しまれたり、又は嗚咽で以て不吉な銭を受けるのである。列車番号は 103。―― テツさんと汐田とは同じ郷里で幼い時からの仲らしく、―― 折にふれてはこの恋愛を物語られた。テツさんは貧しい育ちの娘であるから、少々内福な汐田の家では二人の結婚は不承知であって、それ故汐田は彼の父親と幾度となく烈しい口論をした。その内に私も汐田も高等学校を出て一緒に東京の大学へ入った。それから三年経っている。―― テツさんは汐田の卒業を待ち兼ねて一人で東京へ逃げて来たのであった。それから四五日して私は汐田から速達郵便を受け取った。その葉書には友人たちの忠告もあり、お互いの将来のためにテツさんを国へ返す、明日の二時半の汽車で帰る筈だと云う意味の事柄が簡単に認められていた。

（太宰治『列車』1933 年「サンデー東奥」掲載）


　太宰が弘前高校に入学したばかりの十八歳の頃、彼は十五歳の半玉の初代という芸妓と知り合った。小柄であるが目の大きい色白の娘であった。うぶだった太宰は彼女に惚れ込んでしまい、初

代と結婚したいと言い出したが、青森一の名家・津島家が簡単に許すわけはなかった。それでも結局津島家が身請け代 3000 円も払って二人は結婚することになるが、程なく破綻してしまう。

この短編はきっと自分を投影してフィクションで友人・汐田をこしらえたのであろう。太宰治（1909 年～ 1948 年）の本名は津島修治という。津島一家は青森県一の名家であったが、太宰は異端児として跡取りの兄・文治とはよくぶつかっていた。名門で、ハンサムで、教養もあった太宰は多くの恋人、愛人を作ったが皆例外なく美人であるところを見てもナルシストでもあったのであろう。作家としての太宰は『斜陽』『人間失格』などが代表作で、織田作之助、坂口安吾、石川淳などと共に新戯作派、無頼派とも称された。

## 9.3　新しいステーションホテルの波

1986 年の国鉄最終年の累積赤字は 37 兆 1,000 億円に上ったが、何とかほとんど清算された。国鉄最終年の 1986 年決算とそれから 30 年経った JR 社 7 社合計の 2016 年決算数字を比較すると、次のように大きく改善されている。（表 9.1）

ただし、まったく予想されたことではあるが、2016 年の JR7 社決算数字では会社間で巨大な格差が生じている。

すなわち JR 東日本、JR 東海、JR 西日本は安泰、JR 九州は何とか踏ん張り、JR 貨物が要約収支トントン、JR 四国と JR 北海道は極めて厳しい情勢にある。

最近、営業赤字路線がだんだんと公表されてきているが、JR北海道と JR 四国は断然赤字線が多い。2016 年に JR 九州が上場

を果たして、本州以外のJRの中でよく頑張ったと称賛の声は高いが、それには鉄道収益ではない所有不動産の活用が大きく寄与しているのである。

2015年度の6社の決算書を見るとセグメント別売上高が運輸、流通、不動産、その他と5大別して記載されており（JR北海道のみ流通と不動産が区分されず合算で表記されているが）比較しやすい。この分野別売上比率を見るとJR本州3社もJR北海道、JR四国もとても近似している。本業である運輸業の売上比率も60～80％台であるのに対してJR九州は唯一50％を切っている。

民営化されて経済効率を堂々と追えるようになったJR各社は所有地などを有効利用した駅ビル、ショッピング・センターなどとともにステーションホテルの建設や取得に邁進したのである。そのため、各社はそれぞれ子会社として「JR北海道ホテルズ」「JR

表9.1　国鉄とJR7社の比較

| 項　　　目 | 国鉄（1986年） | JR7社合計（2015年） |
|---|---|---|
| 売　　　上 | 3．2兆円 | 6．8兆円 |
| 損　　　益 | △1．8兆円 | 1．1兆円 |
| 負　　　債 | 37兆円 | 6．5兆円 |
| 財政貢献 | △6,000億円（補助金） | 4,100億円（納税） |
| 人　　　員 | 28万人 | 13万人 |
| 生産性（1人当収入） | 1,155万円 | 3,739万円 |

表9.2　JR6社の分野別売上比率（2015年度）

| 費目 | 東日本 | 東海 | 西日本 | 九州 | 北海道 | 四国 |
|---|---|---|---|---|---|---|
| 総収入 | 28,671 | 17,384 | 14,370 | 3,779 | 838 | 499 |
| 運輸 | 19,545 | 13,463 | 9,251 | 1,809 | 685 | 307 |
| 流通 | 3,999 | 2,306 | 2,310 | 962 | 69 | 83 |
| 不動産 | 2,559 | 386 | 1,066 | 1,504 | | 175 |
| その他 | 2,566 | 1,227 | 1,743 | 581 | 83 | 59 |

東日本ホテルズ」「JR東海ホテルズ」「JR西日本ホテルズ」「JR
四国ホテルズ」「JR九州グループホテル」を設立し、戦前、国鉄
時代では考えられないような多くのステーションホテルを運営し
ている。主要なものを整理すると表9.3のようになる。

　これだけ膨大なホテル群が鉄道会社や鉄道公社で造られ運営さ
れた例は世界でもないはずである。便利な立地の不動産を抱えて
民営化され収益を上げなければならないとなれば、まったく必然
的な現象なのであろう。

　これらホテル群は、基本的には駅直結、駅近という利便性が謳
い文句であるが、JR東日本のホテル・ニューグランド、メズム

表9.3　ステーションホテルの建設

| 経営母体 | ホテル系列 | ホテル名 |
|---|---|---|
| JR北海道 | ホテル日航 | JRタワーホテル日航札幌<br>ホテル日航ノースランド帯広 |
| | JRイン | 札幌・旭川・千歳・函館など |
| JR東日本 | 伝統ホテル | 東京ステーションホテル |
| | 伝統ホテル | ホテル・ニューグランド |
| | 新高級ホテル | メズム東京 |
| | ホテル・メトロポリタン | 秋田・盛岡・仙台・山形・長野・高崎・丸の内・川崎・鎌倉など |
| | ホテル・メッツ | 八戸・福島・新潟・長岡・宇都宮・水戸・渋谷・川崎・横浜など |
| JR東海 | 旗艦ホテル | 名古屋JRゲートタワーホテル |
| | ホテル・アソシア | 静岡・豊橋・高山 |
| JR西日本 | 伝統ホテル | 奈良ホテル |
| | ホテル・グランヴィア | 大阪・京都・和歌山・岡山・広島 |
| | ホテル・ヴィスキオ | 尼崎・大阪・京都・富山 |
| JR四国 | ホテル・クレメント | 高松・徳島・宇和島 |
| | クレメント・イン | 高松・今治・高知 |
| JR九州 | ホテル・ブラッサム | 日比谷・博多プレミアム・熊本・ |
| | JR九州ホテル | 新宿・・博多中央・福岡・大分・小倉・宮崎・長崎・鹿児島・那覇 |
| | ホテル・オークラ | JRハウステンボス |

東京、JR 西日本の奈良ホテルは駅からはちょっと離れている。

　全体を概観するとこれらホテルは料金や設備で高級ホテルからビジネス・ホテルまで何段階かにカテゴライズされ差別化されている。これらのなかで「東京ステーションホテル」、「横浜ニューグランド・ホテル」、「奈良ホテル」は戦前からの伝統的ステータスを誇っている。19 世紀から戦前にかけた「鉄道の時代」にイギリス、フランス、アメリカなどで鉄道会社の威信をかけて造ったステーションホテル群に対して、日本で 1987 年の JR 誕生後に出現したこれらステーションホテル群は約 1 世紀の時間差があるが、同じく鉄道会社のホテル経営として、建築様式ももちろん、経済史、鉄道史、文化史としても対照的で興味深いものである。

## 9.4　エキナカ、駅コンサート、駅ピアノ

　最近「エキナカ」という言葉はようやく定着してきたようであるが、駅構内の雰囲気と機能をよくここまで変えられたものだと感心してしまう。昭和期までに鉄道事業者が駅中に置いた商業施設は、駅そば（立ち食いそば・うどん店）やキヨスク（小規模店舗）など鉄道利用者への利便性を図った小規模な施設が中心であり、駅中は薄汚くごみごみ混雑したスペースとの先入観が支配的であった。そこがきれいに改装され、小洒落た店舗がオープンしたのだから見違えてしまう。

　この駅中革命は JR 東日本がリーダーのようで、2000 年代に入ってからは JR 各社も民営各社もばっちりフォローするようになった。主な店舗としては、コンビニエンスストア・飲食店・書店・衣料品店から理容室・保育所など多岐に渡る。駅売店（キヨスク）

第9章　終着駅の文化　*187*

としては東京地下鉄や東急電鉄系がローソン、JR西日本はセブン‐イレブンなどと業務提携を結ぶ事例が多くなった。きれいになった「エキナカ」では「駅コンサート」(駅コン) や「駅ピアノ」といった文化活動も盛んになってきた。

　駅の音楽といえば、パリのメトロで否応なしに遭遇するのがミュージシャンたちである。やたらと電車に乗り込んできて急に、楽器を演奏し始めたり、歌い出したり、駅の連絡通路でチップ箱を前に置いてバイオリン、ギター、アコルディオンなどを奏でている。中にはサウンドというよりノイズに近い部類もあるが、概して日本のストリート・ミュージシャンよりはレベルが高い。それもそのはず、パリの地下鉄のミュージシャンには誰でもなれるわけではなく、皆オーディションを通ってきているのである。

　最近は「駅コン」という言葉が市民権を得たが一旦休止になったようである。「(鉄道) 駅コンサート」の略語で、東京駅北口コンコースのコンサートをはじめ、全国各駅で開かれるコンサートは枚挙に暇がない。インターネットで見てみると、東京、上野、横浜、仙台、大分、熊本、釧路、帯広駅などのJRの幹線主要駅コンが開かれた画像が出てくる。都会の地下鉄沿線では銀座、仙台、戸塚駅などいくつも発見することができる。

　郊外も駅コンの適正立地らしく名鉄・岩倉、京阪電鉄・枚方駅などで盛大に行われている。過疎地では何とJR陸羽東線・鳴子御殿場駅では明らかに町興しとして駅コンを始めたようだ。

　1987年に新発足したJR東日本の若手社員たちが赤提灯で盛り上がった際、誰かが「東京駅北口辺りでモーツアルトのコンサートなどできないかなあ！」というと、座が盛り上がりこの話は

NHK エンタープライズにも繋がった。北口ホールならパイプ椅子を並べて 500 席は作れる。ただしそこにクラシックの演奏家を呼ぶにも彼らは騒音や雑音に煩そうだし—と躊躇もされたが、演奏家とて決して常時忙しいわけではない。何となく昔からの慣例・風習でポピュラー音楽のように気軽にはできないと構えていただけなのである。

　そんな時、作曲家の團伊玖磨は東京駅の北口や南口のドームを通る度に、建物の天井や壁に反響する音に着目して、「ここで合唱団やオーケストラの演奏ができないものか」と感じていた。確かに駅特有の騒音はあるが、以前のように蒸気機関車の汽笛や通行人の下駄の音も消えていた。それにクラシック演奏家とて多忙な人は一握りで、不況をこぼすくらいなら自ら積極的に市井に出て行くべきである。「クラシックも出前をするべきだ」と團は思っていたし、その思いを雑誌に書いていた。


　　日本では明治以来、輸入した西洋音楽が当時の欧化思想の下で教育と結び付いてしまい、その事がその後の輸入音楽を詰まらなくした原因なのだから、先ず官製教育に付いて廻っている空疎な権威主義、勿体振ったスタイル、古臭さ、野暮ったさを捨てて、実力ある者は爽やかに街に出て音楽に奉仕せねばこの先希望はない。—— この際、音楽家自身が意識革命を行って、爽やかに脱皮を試みる可きだ。—— 出前と言われて良いのだ。只、良い出前は良い厨房を持たなければならないし、又、良い本店が責任を持たねば成り立たない。厨房と本店の業務をきちんと行える者、音楽家としては、技術と

責任を持つ一級の人達に依る出前が必要なのだ。

（「パイプのけむり」アサヒグラフ 1987 年 8 月 7 日号）

　こんな團伊玖磨の思いに NHK エンタープライズが共鳴して、1987 年 7 月 21 日、遂に東京駅で「駅コン」が誕生した。これにモーツアルトを演奏すると決まってから、モーツアルト誕生の地ザルツブルグにも通知したところ、オーストリア国鉄・ザルツブルグ駅長からも祝辞が届いたのである。

　その後「駅コン」は 2007 年までの 20 年間で 250 回以上重ねられ順調だったようである。しかしその後 2011 年の東北大震災、2011 年から 2014 年にかけての東京駅の大改修工事などで中断された。そして JR 東日本の民営化 30 周年を記念し、2017 年 4 月に、久方ぶりに東京駅の丸の内北口ドームで「JR 東日本発足 30 周年記念コンサート」のエキコンが開催された。

　最近、NHK の BS 放送で世界各地や最近は国内の「駅ピアノ」の録画が放送されている。元来、街中・街角などの公共の場所に

**駅コンサートが行われる東京駅の丸の内北口ドーム**

設置され誰でも自由に弾ける状態のピアノが「ストリート・ピアノ」と呼んでいたのがだんだんと終着駅や空港にまで広がっている。日本では 2011 年九州新幹線の開業に際し、「鹿児島中央駅一番街商店街」に 2 台設置されたのが嚆矢のようである。家庭で使われなくなったピアノや公共施設で更新のため余った古いピアノなどをボランティア団体・自治体などが、駅などに置くことから始まったようで、その後「駅ピアノ」は中央弘前駅、白石蔵王駅、栃木駅、桐生駅、木更津駅、金沢駅、富山駅 、松本駅、中部国際空港、京都駅、姫路駅、下関駅、大牟田駅、鳥栖駅、佐賀駅、川内駅、鹿児島空港、鹿児島中央駅、などのコンコースや駅ビル内などに設置されているが、日本の大都市の終着駅にはいまだ置かれていないようである。

## 9.5 駅の未来空間

「オリエント急行」は本来のものも近年復活している「ノスタルジック・オリエント急行」もまさに豪華列車の代表であり、その発着は、まだヨーロッパの大都市には残っている昔ながらの終着駅が相応しい。行き止まりの頭端式ホームを大きなガラス・ドームが覆い、コンコース、待合室な、カフェなどを持つ 19 世紀的駅舎が似つかわしい。

ところが 1964 年の東海道新幹線開通以降、本格的高速鉄道網が世界的に拡がってきた。フランスの TGV、ドイツの ICE などヨーロッパ主要国の幹線はすべてこれに置き換わり、2008 年以降は中国の高速鉄道網の展開は信じられないくらい目覚ましく、今や中国が世界の高速鉄道網の 70 ～ 80％に達している。もう 60

年以上の歴史を刻む世界の高速列車の本質は決してゆったりとした豪華列車ではなく、高速大量輸送手段なので、ただ速いだけでなく、列車の収容力、その運行密度も高めて運行される。

　それではこのような高速列車が発着する大都市の終着駅はどのようになっているか見てみよう。ヨーロッパ諸国では頭端式の旧来の終着駅を拡張してこれに充当しているケースが圧倒的に多い。高速列車はほとんど動力分散方式の電車編成なので、頭端式ホームでもあまり問題はない。日本の新幹線について東京駅、名古屋駅、新大阪駅、福岡駅、仙台駅、など見るとやはり駅内のホームを増設してはいるが、基本的に旧来の在来線用の通過式ホームの増設で対応している。

　ところが今や高速鉄道王国となった中国の北京、上海、南京などの終着駅を見ると、在来線用の旧駅とは別に大規模な高速鉄道専用の新駅を造っているケースが多いようで、しかもその新終着駅は外観も内部ももはや鉄道駅という雰囲気ではなくエアポートに極めて類似してきている。機能から考えると至極当然なことでもあろう。

　中国では最新の高速鉄道を、従来のように街の喧噪の中ではな

現在の上海駅[1]（撮影：我乃野云鶴）

**1959 年の北京駅**[1]

く、少し離れた地点から発着させ、あたかも空港のような演出を
しているようである。すなわち中国は渾身の高速鉄道に新しい雰
囲気を与えようとしているようである。

　　上海への高速列車は、北京市の南部に高速鉄道のために二
〇〇八年に改築された北京南駅から出発している。北京南駅
は大規模なターミナルであるが、駅前の空間は都市の玄関口
として賑わう欧州や日本の駅とは異なり、むしろ飛行場のよ
うな雰囲気となっておる。駅前の道路には各地からのバスが
到着するが、「都市の広場」というよりも、どちらかといえ
ば無機質な空間となっている。この理由としては、一部の都
市間輸送の在来線は乗り入れているものの、普通鉄道の北京
南駅は通勤通学のための駅ではないことと、市内から地下鉄
で到着した旅客は地下の乗り換えコンコースから高速鉄道の
駅に乗り換える構造になっている点が挙げられる。

（黒崎文雄「中国鉄道の経営と現況」2015 年）

　中国の高速鉄道ではここまで北京〜上海間が注目され、その終
着駅の北京南駅や上海虹駅の映像がよく露出されてきたが、南京
北駅の完成予想図が公開されると、また一段とわれわれが抱く終
着駅というイメージの次元を越して、まるで「SF世界のよう」
と話題になった。この新駅は南京〜上海間531 キロを結ぶ「長江
北岸一帯の滬寧都市間鉄道」がこの駅の主客となる予定である。
　そして鉄道技術の革新といわれるのが「リニア新幹線」で、ま
ずは東京〜名古屋間の2027 年開通を目指して鋭意工事が進めら

れている。それには当然終着駅の工事も含まれているが、その名古屋駅はJR東海によると、地下駅として新幹線、在来線の名古屋駅と十字にクロスするように設置される。だから前架線上にある既存の地表から30〜40メートルの地下空間を造り、そこに島式ホーム2面4線が設置される。ホームの長さはおよそ400メートル、さらに上下渡り線などの設備などを加えると、駅の全長は860メートル、幅は最大で60メートルとなる。

　なお工事方法は、リニア新幹線の主要区間は一般的なトンネル工事同様、掘削した箇所の表面を吹付けコンクリートで固めたうえでトンネル周囲の岩盤をボルトとコンクリートで固定するNATM（ナトム）工法が採られるが、都市部では鋼製の筒に守られる中をカッターが土を削りながら掘り進むシールド工法が用いられる。

　このように地下深くでは大工事が行われているが、終着駅としてわれわれが目にするリニア名古屋駅は地下駅であり、地上では、現名古屋駅の西側が広場を中心として整備されることになっているがそのイラスト図を見ても極めて小規模で、未来空間といった

**リニア新幹線の実験線（左）と平面図（右）**

194

飛躍的なものはまったく見られない。リニア東京駅とて地上では外観上の飛躍は多分ないのであろう。

　そもそも従来の新幹線の二倍以上のスピードで走るリニア新幹線ではあるが、それでも航空機よりは遅い。したがって航空機との真っ向勝負をするためには終着駅は都心に造り、一方飛行場が都心に造れない航空機とドア・トゥー・ドアで勝負することが必要であるからである。ここまで日本が独走してきた「超電導磁気浮上リニア高速鉄道」の技術を中国は自己技術で追走を始めた。紆余曲折はあっても、いつかは北京〜上海間を開通させるであろうが、その時にできるリニア北京駅、リニア上海駅の外観は却って夢空間にならず、リニア名古屋駅、リニア東京駅のような地下駅になるのではなかろうか。

　今、JR東海が猛烈に売り込みを図っているアメリカ北東回廊のニューヨーク〜ワシントン間でも理屈は全く同じでもし実現した場合のニューヨークの終着駅はペンシルベニア駅かグランド・セントラル駅の地下になろう。ただし途中の走行は日本のように山間をほとんどをトンネルで突っ切るのではなく平野に高架線を設けて走ることになるようなので、あまり大都市でないウィルミントン駅とかトレントン駅などの途中停車駅はそのままの高架駅になるのであろう。このリニア計画には特にワシントン〜ボルチモア間が熱心に先導しており、彼らの描く途中駅停車駅のイメージ図はそれを暗示している。

## 9.6　終着駅の文化とは

　大都市の終着駅は、元来遠隔地と往来する長距離列車の乗客と

この大都市との接点であった。それは旅行者にとって非日常的で大仰な旅の出発地でもあり到着地でもあった。だからたとえその都市の住民が終着駅に通りかかっても、そこには遠隔地から運ばれた空気と臭いが感じられる場であった。石川啄木が上野駅について詠んだ「ふるさとの訛りなつかし停車場の人ごみの中にそを聴きにいく」、また高度経済成長期に上野駅へ到着した集団就職が題材の井沢八郎の歌謡曲『あゝ上野駅』などはまさにそんな象徴であろう。

　日本は島国であるが、ヨーロッパ各国を走る国際列車が発着するロンドン、パリ、ベルリンなどの終着駅ではまさに異国のエキゾチックな空気と臭いが今も運ばれてきている。今は東京駅でもこれらヨーロッパの都市の終着駅でも長距離列車はほとんどすべて高速鉄道に切り替わり、以前の非日常的な大仰な旅に代わり日常的な無機質な旅に変わり、昔のような空気と臭いはないかも知れないが、終着駅の忙しそうな人の往来、頻繁な列車の発着、慌ただしい電光掲示板の点滅、などから昔日のノスタルジアとときめきは決して消滅していない。

　どこの大都市も発展を続け通勤圏も拡大してくると、終着駅の利用客の比重が長距離客よりも短距離客に移っていった。東京駅、新宿駅、名古屋駅、大阪駅などすべてこの傾向にあるようだが、世界でも一番典型的な例はニューヨークのグランド・セントラル駅であろう。1871 年に開業し、1913 年に全ホームを地下に移したこの駅はニューヨーク・セントラル鉄道の所有で、そこからはかつてはシカゴ行きの「20 世紀特急」などが発着し、全米一の大きく華やかな終着駅であった。それが前述したように今やほと

んど通勤列車の発着駅へと変質してしまっているのである。

しかし文化財として維持・保存・改修された駅舎の中央にあるメイン・コンコースは、東西84メートル南北37メートル、天井高38メートルの大空間と

**ニューヨーク・セントラル駅の様子[1]**
（撮影：Metropolitan Transportation Authority of the State of New York）

なってプラネタリウムを想像させる星座が描かれている。2013年に駅舎生誕100周年を迎えて記念式典が開かれたし、さらに2014年に駅舎生誕100周年を迎える日本の東京駅と姉妹提携が結ばれた。地下には44面のプラットホームがあり、単一の駅としては世界最大である。駅構内には、多くののショップやレストランが入居しており、アップル・ストアやオイスター・バー、ステーキハウスなどである。メイン・コンコースの地下はダイニング・コンコースとなっている。メイン・コンコースの東側にはグランド・セントラル・マーケットという食料品市場があるし、ニューヨーク交通博物館の別館も同駅構内にある。

グランド・セントラル駅について少し長々と述べてしまったが、「駅文化」とは「文化」「文化」と叫んだり言葉で考え工夫するものでは決してないような気がする。確かにここに作為的文化は取り立ててはないし、有名なオイスター・バーも収支が成り立つから存続しているのであろう。一時の取り壊し機運をストップさせて守られた大コンコースそのものがもはや十分文化なのではなか

ろうか。

　さて終着駅は街の広場であり、そこではニュースや噂が飛び交い、電信・電報の受発信も行われた。ここでは哀しい別離もあれば胸ときめく遭遇など多くのドラマが演じられた。終着駅にとって本当に佳き時代は第一次世界大戦と第二次世界大戦の間の戦間期で、それは今になってみると懐かしい歴史的な「終着駅の時代」と認識される。そのため1978年にはパリのポンピドー・センターで「Les Temps des Gares」（終着駅の時代）と題した懐かしい終着駅について広範囲な展示がなされた。それ以降も同じような趣旨でミラノ、ブルッセル、ベルリン、マドリッドの博物館で、またロンドンの科学博物館でも催され、多くの写真、絵画、模型などで展示・説明されたのである。いかにヨーロッパにおいては終着駅がノスタルジアと文化の対象になっているかがうかがわれる現象で、残念ながら日本では終着駅に対する人びとの郷愁と関心はこれほどは昂っていないようである。

# あとがき

　筆者はもう約二十年間、近代史や鉄道史の分野で執筆を続けている。鉄道の分野でも多くの書を収集し、国会図書館で文献を漁るなどして、資料はかなり手元に蓄積されている。それらを楽しく読むこともあるが、むしろ執筆には欠かせない資料として活用するケースの方が多い。鉄道の史実を確認することもあれば、技術的な理論や鉄道史の脈略を脳中で整理するためにも筆者にとって大事な座右の書類となっている。

　改めて本棚を見ると今回刊行して頂く成山堂書店の「交通ブックス」シリーズがかなりある。特に『蒸気機関車の技術史』（斎藤晃著）や『飛行船の歴史と技術』（牧野光雄著）などは蒸気機関車の技術的発展や空力造形に関する流体力学を実によく解説されているので、従来上梓した拙著にひと方ならず援用させて頂いている。

　前置きが長くなってしまったが、筆者もいつかは成山堂書店のこのシリーズに書かせて貰いたいと希望して以前から編集部に接触させて頂いてきたが、ようやくご採択頂いた次第である。「大都会の終着駅」というテーマを描いた書は意外にもここまで極めて少なく、類書もほとんどないのでその点では気楽に書けるが、一方、参考書も極めて少ないのでその分調査や推敲には結構手間取った。その過程で大変勉強になったこと、啓発されたことも多く、自身にも大変有意義であった。

　そのようななか、的確なご示唆を多々下さりながらも、筆者の

勝手な希望を最大限受容して下さった板垣洋介氏と、文章の他本書にとって重要な多くの画像（写真・図絵・地図など）についてもご配慮・ご手配頂いた編集グループ・櫛部里紗氏に茲に有難く深謝させて頂くところである。

小島　英俊

## 〈主要参考文献〉

1）wikipedia
2）『英国鉄道物語』：小池滋：晶文社：1979 年
3）『駅の社会史』：原田勝正：中公新書：1987 年
4）『駅と街の造形』：臼井幸彦：交通新聞社：1998 年
5）『駅再生』：鹿島出版会：2002 年
6）『世界の駅・日本の駅』：小池滋・青木栄一・和久田康雄（編）：悠書館：2010 年
7）『鉄道と文化』：原田勝正・小池滋・青木栄一・宇田正：日本評論経済社：1986 年
8）『駅文化を考える』：NHK エンタープライズ＋ JR 東日本：日本放送出版協会：1988 年
9）『世界鉄道文化史』：小島英俊：講談社学術文庫：2022 年
10）『鉄道快適化物語』：小島英俊：創元社：2018 年
11）『駅をデザインする』：赤瀬達三：ちくま新書：2015 年
12）『進化する東京駅』：野崎哲夫：成山堂書店：2012 年
13）『鉄道旅行の歴史』：W・シヴェルブッシュ／加藤二郎訳：法政大学出版局、1982 年
14）『鉄道と戦争の世界史』：C・ウォルマー・平岡緑（訳）：中央公論新社：2013 年
15）『日本国有鉄道百年写真史』：日本国有鉄道交通協力会：1972 年
16）『山陽鉄道物語』：長船友則：JTB キャンブックス：2008 年
17）『日本鉄道会社の歴史』：松平乗昌：ふくろうの本：2010 年
18）『イギリスの交通』：フィリップ・バグウェル／梶本元信訳：大学教育出版：2004 年
19）『世界のクルーズ客船 2007 ～ 2008』：海人社：海人社；2009 年
20）『世界の駅』：三浦幹男・杉江弘：JTB キャンブックス：2002 年
21）『図説・駅の歴史』：交通博物館：ふくろうの本：河出書房新社 :2006 年
22）『大阪・京都・神戸：私鉄駅物語』：高山礼蔵：JTB キャンブックス :2005 年
23）『私鉄ターミナルの物語』：藤本均：たちばな出版：2005 年
24）『「ななつ星」「四季島」「瑞風」ぜんぶ乗ってきた！』：中嶋茂夫：河出書房新社：2017 年
25）『鉄道貨物・再生、そして躍進』：伊藤直彦：日本経済新聞社：2017 年

*202*

26)『鉄道貨物輸送・モーダルシフト』；福田晴仁：白桃書房：2019 年

27)『貨物鉄道読本』:「旅と鉄道」編集部：旅鉄 BOOKS：2021 年

28)『世界の廃墟駅』：デビット・ロス：大島聡子（訳）：日経ナショナル　ジオグラフィック：2023 年

29)『JR 貨物グループレポート 2021』：JR 貨物グループ：2021 年

30）"CORPORATE PROFILE" 会社案内：JR 貨物

31）"The Wonder Book of Railways"：Harry Golding：Ward Lock & Co：1925

32）"Luxury Trains"：George Behrend,：The Vendome Press：1982

33）"British Railway Carriages 1900- 1953,"：David Jenkinson：Pendragon：1996

34）"Encyclopédie des Voitures SNCF"：Alain Rmbaud et al.：La Vie du Rail：2004

35）"Travel Pullman"：Joe Welsh：MBI：2004

36）"The Atlas of British Railway History "：Michael Freeman：Mackay of Chatham：1965

37）" The Railway Station"：J Richards,J MackenzieOxford：University Press：1986

38）"The Official Rail Book of Trains"：Michael Bowler：Chancellor Press：1993

39）"The Atlas of British Railway History "：Michael Freeman：Croom Helm：1985

40）"Golden Age of Travel 1880-1939"：Alexis Gregory：CASSELL：1990

41）"AMRAK"：Brian Solomon：MBI：2004

# 索　引

## 駅名索引

### 〔あ行〕

青山仮駅······························ 151
秋葉原駅······························ 48
秋葉原貨物駅························· 126
アンハルト駅························· 157
ヴィクトリア駅··············· 19,43,62
上野駅······················· 15,48,64
ウォータールー駅····················· 19
大分駅······························ 187
大阪駅··························· 15,27
小田急・新宿駅······················ 134
帯広駅······························ 187

### 〔か行〕

京都駅··························· 28,31
キングス・クロス駅··········· 18,33,67
錦糸町駅······························ 52
近鉄・阿部野橋駅···················· 134
近鉄・上本町駅······················ 134
釧路駅······························ 187
熊本駅······························ 187
クラウン・ストリート駅··············· 40
グランド・セントラル駅········· 21,75
京王・新宿駅························· 134
京急の品川駅························· 133
ケルン駅····························· 160
神戸駅······························· 47

### 〔さ行〕

サンラザール駅······················ 173
汐留駅······························· 47
上海駅······························ 191
新大阪駅······························ 33

新宿駅··························· 15,49
新橋駅······························· 46
隅田川駅····························· 48
西武・池袋駅························· 134
仙台駅······························ 187
セント・パンクラス駅············ 18,44

### 〔た行〕

東急・東横線の渋谷駅················ 133
東京駅······························· 54
東武・浅草駅························· 133
東武・池袋駅························· 134
ドレスデン駅························· 160

### 〔な行〕

内藤新宿駅··························· 50
名古屋駅························· 15,28
ナッシュビル駅······················ 167
ナポリ駅····························· 79
南海・難波駅························· 133
南京駅······························ 191
難波駅······························· 15
ニュルンベルク駅···················· 160

### 〔は行〕

ハイデルベルク駅···················· 160
バッファロー中央駅·················· 167
パディントン駅··················· 18,43
パリ北駅························· 38,43
パリ東駅························· 38,43
阪急・梅田駅························· 133
ハンブルグ駅························· 138
ブダペスト西駅······················· 43
フランクフルト駅···················· 160
北京駅······························ 191
ベルリン中央駅······················ 159

ペンシルベニア駅……………………　22

### 〔ま行〕

万世橋駅………………………………　52
マンチェスター・ヴィクトリア駅…　40
ミシガン・セントラル駅……………　167
ミュンヘン駅…………………………　160
モンパルナス駅………………………　38

### 〔や行〕

ユーストン駅…………………………　18,75

### 〔ら行〕

ライプチヒ駅…………………………　160
ライム・ストリート駅………………　40
リバプール・マンチェスター駅………　6
リバプール・ストリート駅………　40,60
両国駅…………………………………　15,51
ルイスビル駅…………………………　167

## 鉄道名索引

### 〔数字・英字〕

JR 九州 ………………………………　93
JR 京浜線 ……………………………　130
JR 中央線 ……………………………　130
JR 奈良線 ……………………………　31
JR 西日本 ……………………………　93
JR 東日本 ……………………………　93
LGV 北線 ……………………………　38
LGV 東南線 …………………………　38
LGV 東線 ……………………………　38

### 〔あ行〕

秋田新幹線……………………………　38
アムトラック（AMTRAK）……　136,165
井の頭線………………………………　130
伊予鉄道………………………………　9
ウェスト・コースト本線……………　162

欧亜連絡鉄道…………………………　72
大阪鉄道………………………………　9,134
大阪電気軌道…………………………　134

### 〔か行〕

関西線…………………………………　15
関西鉄道………………………………　8
九州鉄道………………………………　8
近鉄京都線……………………………　31
グレート・ウェスタン鉄道…………　18
グレート・ノーザン鉄道……………　18
京王線…………………………………　130
京成線…………………………………　130
京阪電鉄………………………………　29
京浜・本線……………………………　130
京浜東北線……………………………　130
甲武鉄道………………………………　49

### 〔さ行〕

サウスウェスタン鉄道………………　19
山陽線…………………………………　15
山陽鉄道………………………………　8
常磐線…………………………………　24
信越線…………………………………　24
西武池袋線……………………………　130
西武新宿線……………………………　130
総武線…………………………………　15,33

### 〔た行〕

高崎線…………………………………　49
玉川線…………………………………　130
中央線…………………………………　15
田園都市線……………………………　130
東海道新幹線…………………………　33
東海道線………………………………　15
東武伊勢崎線…………………………　130
東武東上線……………………………　130
東北・上越・北陸新幹線……………　33
東北線…………………………………　24

## 〔な行〕

成田線………………………… 33
日本鉄道………………………… 8
ニューヨーク・セントラル鉄道…… 21

## 〔は行〕

パリ相互連絡線………………… 38
阪堺鉄道………………………… 9
阪急電鉄………………………… 131
阪神電鉄………………………… 131
東海岸線………………………… 35
ペン・セントラル鉄道…………… 165
ペンシルベニア鉄道……………… 21
房総西線………………………… 15,33
房総東線………………………… 15,33
北陸新幹線……………………… 38
北海道炭鉱鉄道………………… 151

## 〔ま行〕

ミッドランド鉄道……………… 18,81
水戸鉄道………………………… 9
南満州鉄道（満鉄）…………… 72

## 〔や行〕

山形新幹線……………………… 38
山手線…………………………… 48
ユーロスター…………………… 44
横須賀線………………………… 33

## 〔ら行〕

リバプール・マンチェスター鉄道…… 6
両毛鉄道………………………… 9
ロンドン＆バーミンガム鉄道 …18,162

## 人名索引

## 〔あ行〕

赤松麟作………………………… 175

安重根…………………………… 145
井沢八郎………………………… 195
石川淳…………………………… 183
石川啄木………………………… 64
石田礼助………………………… 139
伊藤博文………………………57,145
井上勝…………………………… 9
ウィリアム・フリス……………… 172
内田信也………………………… 11
ウラジーミル・ココツェフ……… 145
エイブラハム・リンカーン……… 143
江戸川乱歩……………………… 73
エドワード・モース……………… 47
エリザベス女王………………… 162
大隈重信………………………57,142
大町桂月………………………… 108
尾崎紅葉………………………… 117
織田作之助……………………… 183

## 〔か行〕

川端康成………………… 73,80,181
菊本吉次………………………… 89
木村荘八………………………… 175
グラッドストン………………… 81
後藤新平………………………… 72
後藤武雄………………………… 89
小林一三………………………… 132
コンドル………………………… 57
今日出海………………………… 181

## 〔さ行〕

坂口安吾………………………… 183
志賀直哉………………………… 90
渋沢栄一………………………… 9
ジョージ・プルマン……………… 91
鈴木梅太郎……………………… 89
鈴木英雄………………………… 89

## 〔た行〕

ターナー……………………………… 174
田口卯吉……………………………… 9
太宰治………………………………… 181
辰野金吾……………………………… 56
谷譲次………………………………… 179
田山花袋………………………… 90,109
團伊玖磨……………………………… 188
東郷平八郎…………………………… 153

## 〔な行〕

永井荷風……………………………… 77
中上川彦次郎…………………… 9,10
中村総裁……………………………… 147
ナゲル・マッケール………………… 91
夏樹静子……………………………… 73
夏目漱石………………………… 145,155

## 〔は行〕

長谷川利行…………………………… 175
浜口雄幸……………………………… 149
原敬…………………………………… 148
バルツァー…………………………… 55
福沢諭吉……………………………… 9
二葉亭四迷…………………………… 118
ベネット……………………………… 63

## 〔ま行〕

馬越恭平……………………………… 89
松岡洋右……………………………… 159
松本清張……………………………… 73
三島由紀夫…………………………… 120
水上滝太郎…………………………… 65
望月晴朗……………………………… 175
モネ…………………………………… 173
森瑶子………………………………… 73
モルトケ……………………………… 144
モロトフ……………………………… 158

## 〔や行〕

横光利一……………………………… 180
吉田禄在……………………………… 28

## 〔ら行〕

リッペントロップ…………………… 158
ルムシュテル………………………… 55

# 列車名索引

## 〔数字・英字〕

0系列車……………………………… 139
20世紀特急…………………… 93,165
M-10000型 ………………………… 139

## 〔あ行〕

青列車………………………………… 93
オリエント急行……………………… 93

## 〔か行〕

凱旋列車……………………………… 150

## 〔さ行〕

最急行1列車・2列車……………… 121
四季島………………………………… 93
出征列車……………………………… 152
葬送列車……………………………… 142

## 〔た行〕

特急「つばめ」……………………… 178
特急「とき」………………………… 140
特急「富士」………………………… 178

## 〔な行〕

ななつ星……………………………… 93

## 〔は行〕

パイオニア・ゼファ号……………… 138

| | |
|---|---|
| 復員列車⋯⋯⋯⋯⋯⋯⋯⋯⋯ 152 | 自動連結器⋯⋯⋯⋯⋯⋯⋯⋯⋯ 35 |
| ブライトン・ベル⋯⋯⋯⋯⋯⋯ 63 | ゼロマイルポスト⋯⋯⋯⋯⋯⋯ 24 |
| フリーゲンダーハンブルガー号⋯⋯ 138 | **〔た行〕** |
| ブルートレイン⋯⋯⋯⋯⋯⋯⋯ 139 | |
| ブロードウェイ特急⋯⋯⋯⋯⋯ 165 | 通過式ホーム⋯⋯⋯⋯⋯⋯⋯ 32 |
| ボート・トレイン⋯⋯⋯⋯⋯⋯ 140 | 東京ステーションホテル⋯⋯⋯⋯ 72 |
| **〔ま行〕** | 頭端式ホーム⋯⋯⋯⋯⋯⋯⋯32,134 |
| | **〔な行〕** |
| 瑞風⋯⋯⋯⋯⋯⋯⋯⋯⋯⋯⋯ 93 | |
| **〔や行〕** | 奈良ホテル⋯⋯⋯⋯⋯⋯⋯⋯ 71 |
| | **〔は行〕** |
| 遊説列車⋯⋯⋯⋯⋯⋯⋯⋯⋯ 142 | |
| | 万国博覧会⋯⋯⋯⋯⋯⋯⋯⋯ 98 |

## 一般索引

| | **〔ま行〕** |
|---|---|
| **〔あ行〕** | |
| | マディソン・スクエア⋯⋯⋯⋯ 75 |
| 一丁倫敦⋯⋯⋯⋯⋯⋯⋯⋯⋯ 54 | マンハッタン⋯⋯⋯⋯⋯⋯⋯ 20 |
| 駅コン⋯⋯⋯⋯⋯⋯⋯⋯⋯⋯ 186 | **〔や行〕** |
| エキナカ⋯⋯⋯⋯⋯⋯⋯⋯⋯ 186 | |
| 駅ピアノ⋯⋯⋯⋯⋯⋯⋯⋯⋯ 186 | ヤマトホテル⋯⋯⋯⋯⋯⋯⋯ 72 |
| 欧亜連絡ルート⋯⋯⋯⋯⋯⋯ 178 | ユーストン駅舎⋯⋯⋯⋯⋯⋯ 162 |
| **〔か行〕** | **〔ら行〕** |
| 京都ステーションホテル⋯⋯⋯⋯ 71 | 陸軍特別大演習⋯⋯⋯⋯⋯⋯ 102 |
| **〔さ行〕** | |
| 山陽ホテル⋯⋯⋯⋯⋯⋯⋯⋯ 70 | |

## 「交通ブックス」の刊行にあたって

　私たちの生活の中で交通は，大昔から人や物の移動手段として，重要な地位を占めてきました。交通の発達の歴史が即人類の発達の歴史であるともいえます。交通の発達によって人々の交流が深まり，産業が飛躍的に発展し，文化が地球規模で花開くようになっています。

　交通は長い歴史を持っていますが，特にこの二百年の間に著しく発達し，新しい交通手段も次々に登場しています。今や私たちの生活にとって，電気や水道が不可欠であるのと同様に，鉄道やバス，船舶，航空機といった交通機関は，必要欠くべからざるものになっています。

　公益財団法人交通研究協会では，このように私たちの生活と深い関わりを持つ交通について少しでも理解を深めていただくために，陸海空のあらゆる分野からテーマを選び，「交通ブックス」として，さしあたり全100巻のシリーズを，(株)成山堂書店を発売元として刊行することにしました。

　このシリーズは，高校生や大学生や一般の人に，歴史，文学，技術などの領域を問わず，さまざまな交通に関する知識や情報をわかりやすく提供することを目指しています。このため，専門家だけでなく，広くアマチュアの方までを含めて，それぞれのテーマについて最も適任と思われる方々に執筆をお願いしました。テーマによっては少し専門的な内容のものもありますが，出来るだけかみくだいた表現をとり，豊富に写真や図を入れましたので，予備知識のない人にも興味を持っていただけるものと思います。

　本シリーズによって，ひとりでも多くの人が交通のことについて理解を深めてくだされば幸いです。

公益財団法人交通研究協会

理事長　住 田 親 治

## 「交通ブックス」企画編集委員

名誉委員長　住田　正二（元東日本旅客鉄道㈱社長）

委　員　長　住田　親治（交通研究協会理事長）

　　　　　　安達　裕之（日本海事史学会会長）

　　　　　　佐藤　芳彦（㈱サトーレイルウェイリサーチ代表取締役）

　　　　　　野間　　恒（海事史家）

　　　　　　平田　正治（航空評論家・元航空管制官）

　　　　　　石原　伸志（元東海大学教授）

　　　　　　野崎　哲夫（交通研究協会評議員）

　　　　　　合田　浩之（東海大学教授・元日本郵船）

　　　　　　小川　啓人（成山堂書店社長）

（2024 年 4 月現在）

筆者略歴

小島 英俊 (こじま ひでとし)
　1964年東京大学法学部卒業。三菱商事（株）の化学品部門で国内外に勤務。1998年からフランス食品関係で起業し、代表取締役を勤める。2005年からは、近代史、鉄道史のノン・フィクション作家として執筆中。主な著書に『鉄道という文化』（角川選書）、『外貨を稼いだ男たち』（朝日新書）、『鉄道技術の日本史』（中公新書）、『鉄道快適化物語』（創元社・「交通図書賞」受賞）、『昭和の漱石先生』（文芸社文庫・「第2回歴史文芸最優秀賞」受賞）、『世界鉄道文化史』（講談社学術文庫）などがある。

交通ブックス129
終着駅の文化史　　　　　　　　　　定価はカバーに
しゅうちゃくえき　ぶんかし　　　　　　表示してあります。

2024年12月18日　初版発行
著　　者　小島英俊
発行者　公益財団法人交通研究協会
　　　　理事長　住田親治
印　　刷　三和印刷株式会社
製　　本　東京美術紙工協業組合

発売元　鬶成山堂書店

〒160-0012　東京都新宿区南元町4番51　成山堂ビル
TEL：03（3357）5861　　FAX：03（3357）5867
URL　https://www.seizando.co.jp
　落丁・乱丁本はお取り換えいたしますので、小社営業チーム宛にお送りください。

©2024　Hidetoshi Kojima
Printed in Japan　　　　　　　　　ISBN978-4-425-76291-0

# 成山堂書店の鉄道書籍 わかりやすい！交通ブックスシリーズ

交通ブックス116
## 列車ダイヤと運行管理（2訂版）

列車ダイヤ研究会　編
四六判・288頁・定価 1,980 円（税込）

各部門の連携を図り、鉄道運行を支える列車ダイヤ。日々の運行のために、ダイヤはどのように構築されているのか。本書では、ダイヤ作りと運行管理の実際を解説します。

---

交通ブックス127
## 路面電車
－運賃収受が成功のカギとなる！？－

柚原 誠　著
四六判・236頁・定価 1,980 円（税込）

次世代型路面電車として注目を浴び、大量輸送かつ定時運行が可能なLRTが、"速くて便利な公共交通"になり得るか否か、その可能性に迫る！

---

交通ブックス128
## 鉄道の法規
－JRと民鉄の実例から読み解く－

福永 健　著
四六判・216頁・定価 1,980 円（税込）

鉄道事業者、鉄道関連メーカー、鉄道関係の試験機関を目指す高校生や大学生、関係法令を把握しておきたい実務者など、これから「鉄道の法規」を学ぶ人たちに向けた入門書。